# Doppel-Klick 10

## Das Arbeitsheft + Sprachförderung

# Lösungen

AF870210

### Seite 4

**1** *So könnte deine Lösung lauten:*
In dem Text geht es um die Körper von Pinguinen, die je nach Lebensraum unterschiedliche Besonderheiten aufweisen.

**2** Die Pinguine leben schon sehr lange in diesen Gebieten, sodass sie sich den Lebensbedingungen anpassen konnten.

**3** a. und b. Ursache, Folge
Die Pinguine leben schon sehr lange in diesen Gebieten, sodass sie sich den Lebensbedingungen anpassen konnten.

**4** Bei Kaiserpinguinen ist die Körperoberfläche im Verhältnis zu ihrem Körpervolumen geringer, sodass sie weniger Wärme an die Umgebung abgeben.

Zudem besitzen die in der Antarktis lebenden Pinguine ein dichtes Gefieder und eine dicke Fettschicht, sodass ihr Körper gut isoliert ist.

**5** b. Die Humboldt-Pinguine haben im Verhältnis zur Körperoberfläche ein kleineres Körpervolumen, sodass sie mehr Wärme an die Umgebung abgeben.

Humboldt-Pinguine zählen heute zu den bedrohten Tierarten, sodass Nachzuchten in Tiergärten und Zoos zur Arterhaltung äußerst wichtig sind.

### Seite 6

**1** c) … Gesteinsplaneten außerhalb unseres Sonnensystems, auf denen es Leben geben könnte. [X]

**2** a) … riesige Gasbälle. [X]
b) … heiß. [X]
d) … unwirtlich. [X]

**3**

| | trifft zu | trifft nicht zu |
|---|---|---|
| a) Eine Gaswolke sorgt für ausreichend Wärme. | | X |
| b) Sie sind weit genug von der Sonne entfernt, um Wasser zu Eis gefrieren zu lassen. | | X |
| c) Die Entfernung der Gesteinsplaneten von ihrem Zentralgestirn ist nicht zu groß und nicht zu klein. | X | |
| d) Wasser könnte auf ihnen in flüssiger Form vorliegen. | X | |

**4** a) Kepler 438b, b) Kepler 442b

### Seite 7

**5** *So könnte deine Lösung aussehen:*
Die Entdeckung von Wasser in flüssiger Form auf den Planeten wäre von besonderer Bedeutung, *weil Wasser die wichtigste Voraussetzung für Leben darstellt.*

**6** *So könnte deine Lösung lauten:*
Die Planeten sind schwierig zu untersuchen, weil sie so weit von der Erde entfernt sind.

**7** *So könnte deine Lösung lauten:*
„Habitable Zone" nennt man den Bereich um einen Stern, wo flüssiges Wasser vorhanden sein könnte.

**8** *So könnte deine Lösung lauten:*
Ich finde die Suche nach Leben auf anderen Planeten sehr spannend. Die „Exoplaneten Kepler 438b und Kepler 442b" (Z. 15) scheinen mögliche Kandidaten dafür zu sein. Wenn man auf ihnen Wasser nachweisen könnte, wäre das ein großer Erfolg für die Forschung (vgl. Z. 21–22).

### Seite 9

**1** b) In dem Text geht es um den Fund von Lebewesen im Lake Whillans. [X]

**2**

| | |
|---|---|
| 4 | Blühendes Ökosystem unter dem Eis |
| 3 | Eine Fülle von Lebewesen |
| 1 | Expedition zum Lake Whillans – Wasserproben aus 800 m Tiefe unter dem Eis |
| 2 | Schwierigkeiten bei der Probennahme |

### Seite 10

**3** c) … 640 km vom Südpol entfernt in der Antarktis liegt. [X]

**4** b) … 130 000 Zellen pro Milliliter Wasser. [X]
d) … annähernd 4 000 Bakterien- und Archaeenarten. [X]

**5**

| | trifft zu | trifft nicht zu |
|---|---|---|
| a) Unter dem Eis wurde das vielleicht größte noch nicht erforschte Ökosystem der Welt entdeckt. | X | |
| b) Das Leben … hat mindestens 120 000 Jahre ohne Sonnenlicht überdauert. | X | |
| c) Das Leben unter dem Eis existiert seit Millionen von Jahren. | | X |
| d) Unter dem ewigen Eis ist kein Leben möglich. | | X |

**6** *So könntest du den Satz vervollständigt haben:*
Mit dem Wort „steril" ist im Textzusammenhang gemeint, *dass die Schutzkleidung der Arbeiter frei von Mikroorganismen sein muss, die mit der Wasserprobe in Kontakt kommen könnten.*

**7** *So könnte deine Lösung aussehen:*
Die Forscher waren über die *Anzahl der Lebewesen* und die *große Artenvielfalt* überrascht.

**Seite 11**

**8** b) ... Pflanzen und Bakterien normalerweise Sonnenlicht für die Fotosynthese benötigen. ☒

**9** *So könntest du den Satz vervollständigt haben:*
Mit dieser Personifikation will der Autor ausdrücken, *dass der Wind besonders kalt und stark wehte. Durch die Personifikation wirkt der Anfang sofort spannend.*

**10** *So könnte deine Antwort lauten:*
Der Ausdruck ist nicht wörtlich zu verstehen, weil die Bakterien nicht wirklich „blühen". Gemeint ist, dass eine große Anzahl von verschiedenen Lebewesen in dem Ökosystem lebt.

**11** *So könnte deine Antwort lauten:*
Ich denke ebenfalls, dass die Forschungen in der Antarktis wichtig sind. Es handelt sich bei den Seen immerhin um das wohl größte noch unerforschte Ökosystem der Welt (Z. 42). Dass es dort ein „blühendes Ökosystem" (Z. 43) gibt, beweist, dass Leben unter dem Eis auch ohne Sonnenlicht möglich ist.

**Seite 13**

**12**

| | |
|---|---|
| 7 | Der Wostoksee – Verunreinigung der Proben |
| 6 | Besonderheiten des Lake Whillans |
| 8 | Lake Ellsworth – Abbruch der Bohrungen |
| 9 | Lake Whillans – Erfolgreiche Probennahme |
| 5 | Forschungsprojekte – Eisseen der Antarktis |

**13**

| | trifft zu | trifft nicht zu |
|---|---|---|
| a) Die Grafik zeigt die Lage der angebohrten Eisseen in Nordpolnähe. | | X |
| b) Die Grafik zeigt die Lage der angebohrten Eisseen in Südpolnähe. | X | |
| c) Die Grafik zeigt, in welchen Seen Leben gefunden wurde. | | X |
| d) Die Grafik zeigt die Tiefe der angebohrten Eisseen. | | X |

**14** b. Der Wostoksee liegt *3700* m, der Lake Ellsworth *3400* m unter dem Eis. Der Lake Whillans hat eine Tiefe von *10–15* m. Er ist mit seiner Lage von *800* m unter der Eisschicht für die Forscher leichter zu erreichen.

**15**

| | trifft zu | trifft nicht zu |
|---|---|---|
| a) Das amerikanische Forschungsteam untersuchte den antarktischen Lake Ellsworth. | | X |
| b) Der Wostoksee ist der tiefste und mit Abstand größte der drei Seen. | X | |
| c) Das Team aus Großbritannien wollte eine 3,4 km tiefe Bohrung im Eis durchführen. | X | |
| d) Die Forschungsstation am Lake Whillans wird von einem russisch-deutschen Forschungsteam betrieben. | | X |

**Seite 14**

**16** *So könnte deine Lösung lauten:*
Die Grafik, die Tabelle und der Text ergänzen einander. Zusätzlich zu den ausführlichen Informationen im Text zeigt die Grafik, wo genau sich die drei Seen in der Antarktis befinden. Die Tabelle liefert Informationen darüber, woher die Forscherteams kamen, wie tief die Seen unter dem Eis liegen, wie groß und wie tief sie sind.

**17** a) ... durch die Wärme aus dem Erdinneren wird das Eis geschmolzen. ☒

**18** *So könnte deine Antwort lauten:*
Der See ist für Bohrungen besonders geeignet, weil er auf der schrägen Seite eines Berges sitzt und die Eisschicht vergleichsweise dünn ist.

**19** b) ... das Bohrloch nach der ersten Probennahme wieder zufror. ☒

**20** *So könnte deine Antwort lauten:*
Die Analyse der Probe war schwierig, weil das Wasser bereits ein Jahr gefroren auf dem Boden des Bohrlochs gelegen hatte, bevor es an die Oberfläche geholt werden konnte. Während des Transports geriet die Probe außerdem mit der Bohrflüssigkeit in Kontakt und wurde verunreinigt.

**Seite 17**

**1** a) In dem Text geht es um die unterschiedlichen Ansichten von Jägern und Naturschützern zu den in Deutschland lebenden Wölfen. ☒

**2** a) Bayern, b) Brandenburg, d) Mecklenburg-Vorpommern, e) Niedersachsen, g) Rheinland-Pfalz, i) Sachsen, j) Sachsen-Anhalt, l) Thüringen

**3** Der Wolf ist nach *100* Jahren Abwesenheit wieder nach Deutschland zurückgekehrt. Vor *14* Jahren haben sich die ersten Wölfe in der Lausitz angesiedelt. Heute leben bis zu *300* Wölfe in ganz Deutschland. Naturschützer sind der Ansicht, dass in Deutschland Platz für *450* Wolfsrudel wäre.

**4** a) Bauern und Viehbesitzer, b) Jäger, c) Vermieter von Ferienhäusern

**5** a) Jäger können ihre Jagdpläne nicht mehr erfüllen und hätten dadurch finanzielle Verluste. ☒

**Seite 18**

**6** b) ... die geringe Anzahl von Wölfen dem Wild nicht gefährlich werden kann. ☒

**7**

| | trifft zu | trifft nicht zu |
|---|---|---|
| a) Die Wölfe in Deutschland sind frei von Tollwut-erregern. | ☒ | |
| b) Der Wolf ist eine weltweit streng geschützte Art. | | ☒ |
| c) Der Wolf hat keine natürlichen Feinde. | ☒ | |
| d) Viele Menschen haben Angst davor, dass der Wolf sich stark vermehren und gefährlich werden könnte. | ☒ | |

**8** *So könnte deine Antwort aussehen:*
Die Tiere könnten durch Elektrozäune oder Ställe geschützt werden.

**9**

| | trifft zu | trifft nicht zu |
|---|---|---|
| a) In Deutschland leben inzwischen wieder genug Wölfe, um ihre Art zu erhalten. | | ☒ |
| b) In Deutschland leben noch zu wenige Wölfe, um ihre Art auf Dauer zu erhalten. | ☒ | |
| c) Da der Wolf eine streng geschützte Tierart ist, darf er nicht geschossen werden. | ☒ | |
| d) Durch Aufklärungsarbeit akzeptiert die Bevölkerung inzwischen, dass Wölfe wieder in Deutschland heimisch sind. | | ☒ |

**10** In der Lausitz wurde einmal ein Welpe von Unbekannten erschossen. Der umgekehrte Fall hat sich noch nie zugetragen (Z. 48).

**Seite 19**

**11** *So könntest du die Aussage erklärt haben:*
Es ist eine Straftat, einen Wolf zu erschießen. Wölfe gelten als gefährdete Art und stehen deshalb unter besonderem Schutz.

**12** *Das könntest du geschrieben haben:*
Ich stimme der Aussage nur teilweise zu. Auch die Jäger wollen den Wolf ja nicht ausrotten (Z. 61). Nach ihrer eigenen Aussage wollen sie nur verhindern, dass er sich immer weiter ausbreitet (Z. 38–39). Das Jagen von Wölfen sollte ihnen aber mindestens so lange verboten bleiben, wie der Wolf in Deutschland vom Aussterben bedroht ist (Z. 43–44).

**13** b. *So könnte deine Antwort lauten:*
Im Text geht es vor allem um die Einstellung von Naturschützern und Jägern zum richtigen Umgang mit den Wölfen und um die Sorgen von Bauern und Ferienhausbesitzern. In der Grafik erfährt man zusätzlich etwas darüber, was sich die Bevölkerung von Behörden und Institutionen wünscht. Dazu gehört an erster Stelle, dass die Kinder in der Schule etwas über die Wölfe lernen sollen.

**Seite 20**

**1** a. und b.
Bei Fortschreiten der globalen Erwärmung muss mit einem Anstieg des Meeresspiegels gerechnet werden.

Wenn die globale Erwärmung fortschreitet, muss damit gerechnet werden, dass der Meeresspiegel ansteigt.

**2** a. und b.
☒ Nach Auswertung von Satellitenfotos kann für den Moment Entwarnung gegeben werden.

**3** Der Verlust von Landmasse wurde dadurch ausgeglichen, dass Sand angespült wurde.
Weil die Inseln knapp über dem Meeresspiegel liegen, sind sie stark bedroht.

**Seite 21**

**1** b. *Diese Stichworte könntest du notiert haben:*
„Der Klimawandel und seine Folgen", Ausstellung für Schüler und Lehrer, M1–M5, Begriff erklären, Auswirkungen (Beispiele nennen), Möglichkeiten der Begrenzung, zusammenhängender informierender Text, Überschrift, Quellen

**Seite 25**

**1** ☒ Der Treibhauseffekt macht Leben auf unserem Planeten erst möglich.

**2** ☒ der Anstieg der Menge an Wasserdampf durch den erhöhten $CO_2$-Ausstoß

**3** *So könnte deine Antwort lauten:*
Die Temperatur auf der Erde hat sich im 20. Jahrhundert um 0,74 Grad Celsius erhöht.

**4** *Diese Gründe könntest du genannt haben:*
1. Entwicklung der Bevölkerungszahlen
2. Abholzung der Wälder
3. Abschmelzen der Polkappen

**5** ☒ um ca. 75 ppm

**6** *Diese Folgen könntest du genannt haben:*
1. Anstieg des Meeresspiegels
2. mehr Wetterextreme
3. milde, kurze Winter

**Seite 26**

**7** *So könnte deine Antwort lauten:*
Mojib Latif glaubt, dass der Klimawandel durch den Einsatz von sauberer Energie eingeschränkt werden kann.

**8** ☒ ... durch den Menschen und die Natur in die Atmosphäre.

**9** *So könnte deine Lösung lauten:*
Feuer: Waldbrände, Brandrodung
Auto: Verkehr, Abgase
Fabrik: Industrie, Abgase
Haus: Heizung und Warmwasser, Kamine

**10** a. mehr Stürme und Überflutungen, Anstieg des Meeresspiegels
b. Hitzewellen, Überschwemmungen
c. Gefahr durch Unwetter und Hitzewellen, Anbau von anderen Sorten, längere Anbauzeiten

## Seite 27

**1** *So könnte deine Einleitung lauten:*
Klimawandel und Treibhauseffekt sind zwei Begriffe, die man in letzter Zeit immer wieder hört. Warum ist das so? Der Treibhauseffekt ist eigentlich ein natürliches Phänomen, das Leben auf unserem Planeten erst möglich macht. Ohne ihn würde die Durchschnittstemperatur –19 Grad Celsius betragen, Leben wäre nicht möglich. Doch wenn sich der Effekt weiter verstärkt, kann das Leben auf der Erde in Gefahr geraten. Der Grund ist ein ständiges Ansteigen der Durchschnittstemperaturen: Der Treibhauseffekt führt zu einem Klimawandel.

**2** *So könnte dein Hauptteil lauten:*
Das wichtigste Treibhausgas ist nicht das Kohlendioxid, sondern der Wasserdampf. Er ist für 90 % des Treibhauseffekts verantwortlich. Gelangt aber mehr $CO_2$, z. B. durch Brandrodung und Auto- und Fabrikabgase, in die Atmosphäre, steigt die Temperatur der Erde und der Ozeane. Dies führt zu einer vermehrten Verdunstung – eine erhöhte Konzentration von Wasserdampf und Wolkenbildung sind die Folge, was den Treibhauseffekt verstärkt.
Das Kohlendioxid macht nur 12 Prozent des Treibhausgases aus. Es wird von den Experten aber als der wichtigste Grund für die Klimaerwärmung genannt. In den letzten 50 Jahren hat sich die $CO_2$-Konzentration um 75 ppm erhöht. Dadurch stieg die Temperatur im letzten Jahrhundert bereits um 0,74 Grad Celsius.
Die Auswirkungen zeigen sich schon jetzt in Wetterextremen und Unwettern. Durch den erwarteten Anstieg des Meeresspiegels könnten Inselbewohner im Pazifischen und Indischen Ozean ihre Heimat verlieren. Auch in Deutschland würden die Küstenregionen von Überschwemmungen und Stürmen bedroht.
Um den Klimawandel zumindest zu begrenzen, sind viele Anstrengungen nötig. Am wichtigsten erscheint aber das Umsteigen auf saubere Energien, also Sonne, Wind und Wasser. So könnten schon heute und weltweit große Einsparungen beim $CO_2$-Ausstoß erreicht werden.

**3** *So könnte dein Schluss lauten:*
Zusammenfassend lässt sich sagen, dass es sich beim Treibhauseffekt um ein natürliches Phänomen handelt, das aber durch den vom Menschen verursachten $CO_2$-Ausstoß verstärkt wird. Ob der weitere Klimawandel einzudämmen sein wird, ist völlig unklar. Das Setzen auf saubere Energien erscheint aber als ein möglicher Weg.

**4** *So könnte deine Überschrift lauten:*
Der Klimawandel und seine Folgen

**5** Material M1 bis M5

## Seite 28

**1** b. Im letzten Jahrhundert ist die Temperatur auf der Erde bereits <u>um 0,74 Grad Celsius</u> angestiegen.
Dabei wird die <u>Erhöhung der Wasserdampfkonzentration</u> in der Luft als wichtige Ursache gesehen. In Deutschland hat der Klimawandel schon jetzt dazu geführt, dass der Winter im Durchschnitt <u>später anfängt und früher aufhört</u>.

**2** c. *So könnte dein überarbeiteter Text aussehen:*
In Deutschland wird es unterschiedliche Auswirkungen des Klimawandels geben. Im Süden rechnet man mit wärmeren Sommern und Wintern, im Norden könnten sich vermehrt Stürme und Überflutungen ereignen.
Die Forscher erwarten im Osten mehr Dürren und Hitzewellen. Aber für die Urlauber erhofft man an der Nord- und Ostsee für längere Zeit schönes Wetter.

## Seite 29

**3** b. *So könnte dein Text lauten:*
Durch die Erwärmung kommt es zu einem Abschmelzen der Pole, sodass der Meeresspiegel ansteigt. Manche Inseln im Pazifik sind bedroht, deshalb haben die Menschen dort die Weltgemeinschaft schon um Hilfe gebeten. Der Klimawandel wirkt sich auch auf den Tourismus aus, beispielsweise wird der Wintersport in den Mittelgebirgen Deutschlands kaum noch möglich sein.

**4** Die große Frage ist, ob die Menschheit in der Lage sein wird, den $CO_2$-Ausstoß deutlich zu vermindern. In Deutschland sind einige Maßnahmen schon erfolgreich, wie z. B. die Stromerzeugung durch erneuerbare Energien. Kraftwerke, die mit fossilen Brennstoffen betrieben werden, können dann abgeschaltet werden. Bliebe aber alles beim Alten, wäre das äußerst gefährlich für uns alle.

## Seite 33

**1** *Diese Stichworte könntest du notiert haben:*
M1: Kennzeichnungspflicht von Nanopartikeln in Kosmetik (2013)
M2: Nanoteilchen: Sonnencreme, Zahnpasta, Kleidung, Farben u. Lacke, Medizin; neue Eigenschaften, winzige Partikeln; Risiken: Eindringen in menschliche Zellen
M3: Anwendungsfelder: Medizin, Auto- u. Hausbau, Textilien, Kosmetik, Haushaltsmittel
M4: Einschätzung d. Nanotechnologie: Nutzen größer als Risiken, Männer positiver eingestellt
M 5: Nano im Essen: Kaugummi, Suppen, Kaffeepulver; gegen Verklumpen, weiß; Kennzeichnung (2014); noch wenig Nano in Lebensmitteln

**Seite 30–33** *So könnte deine Lösung zu der Prüfungsaufgabe aussehen:*

| | Lösung / *Erwartung* | Punkte |
|---|---|---|
| Überschrift und Einleitung | **Nanotechnologie – kleine Teilchen, große Wirkung**<br>Nanotechnologie ist aus unserem Alltag kaum noch wegzudenken. Nanoteilchen stecken in unserer Kleidung und in Kosmetikprodukten, sie finden im Autobau Verwendung und werden in der Medizin erforscht. Das Besondere ist die Größe der Partikeln: Sie sind kleiner als 100 Nanometer – und sie verändern die Eigenschaften von anderen Stoffen. | 10 |
| Hauptteil | Aber was kann Nanotechnologie, was ohne sie nicht funktioniert? In der Sonnenmilch blockieren Nanoteilchen z. B. die gesundheitsschädlichen UV-Strahlen, lassen aber ungefährliches Licht passieren. Gute Nachrichten auch für Sportlerinnen und Sportler: In Socken und Shirts bekämpfen die Winzlinge den Schweißgeruch. Ein weiteres Beispiel für den Einsatz der neuen Technologie sind Spiegel, Kacheln und Dachziegel, bei denen Nanoteilchen dafür sorgen, dass Schmutz und Wasser abperlen. In der Medizin forscht man an Arzneimitteln, die z. B. direkt auf Krebszellen einwirken können. In Lebensmitteln könnte Nanotechnologie in Zukunft eine große Rolle spielen. Hier können die winzigen Teilchen als Aufheller dienen oder ein Verklumpen von Speisen verhindern. Sind Nanopartikeln aber wirklich ungefährlich? Immerhin müssen sie in Kosmetikprodukten seit 2013 und in Lebensmitteln seit 2014 gekennzeichnet werden. Noch ist ihre Wirkung auf den Menschen kaum erforscht. Kritiker warnen, dass sie in die Zellen eindringen und so Allergien oder Entzündungen auslösen könnten. Nanopartikeln können zudem ins Grundwasser gelangen, mit unabsehbaren Folgen für unser Trinkwasser. | 25 |
| Schluss | Um das Wissen über die neue Technologie zu erhöhen, müssten die Chancen und Risiken öffentlich diskutiert werden. Solange die Gefahren noch nicht ausreichend erforscht sind, sollte man daher sehr vorsichtig im Einsatz der neuen Technologie sein. Dann können die Vorteile, die die winzigen Teilchen z. B. in der Medizin bringen können, überwiegen.<br>Verwendete Materialien: M1 bis M5 | 10 |
| *Sprache und Form* | *– Rechtschreibung, Zeichensetzung und Grammatik werden weitestgehend beherrscht.*<br>*– Fachwörter werden richtig wiedergegeben.*<br>*– Der Text ist in sachlicher Sprache und im Präsens formuliert.*<br>*– Der Aufbau ist logisch und verständlich.*<br>*– Der Schreibanlass und die Adressaten wurden beachtet.* | 10 |

**Seite 34**

**1** **a.** „Unsichtbare Nanonoppen auf Spiegeln, Kacheln oder Glasflächen lassen Schmutz und Wasser abperlen."
**b.** Es handelt sich um eine Aufzählung.

**2** in: Präposition — Socken: Nomen
und: Konjunktion — vertreiben: Verb
sie: Personalpronomen — unangenehmen: Adjektiv

**3** höher: hoch — besser: gut

**4** **a.** dass: Konjunktion
**b.** Die Konjunktion dass leitet den Nebensatz ein.

**5** Gleichzeitig sind aber konkrete nanotechnologische Anwendungen in den Bereichen Farbe, Textilien und Kosmetika bekannter geworden.

**Seite 35**

**6** haben entdeckt: Perfekt
entwickeln, zusammenkommen: Präsens

**7** Die Lebensmittelindustrie zauberte für uns Verbraucher. Instantsuppen, Kaffeepulver und Salz versetzte sie mit Siliziumdioxid, damit sie nicht verklumpten. Kaugummis, Joghurtdressings, Schokolinsen und Dragees erhielten das Pigment Titandioxid, damit sie weiß strahlten.

**8** Die Hersteller müssen seit Juli 2013 alle Kosmetik- und Körperpflegeprodukte, die Nanomaterialien enthalten, kennzeichnen.

**9** **a.** Nanopartikeln können bis tief in die Lunge eindringen und dort Entzündungen auslösen.
**b.** Möglichkeitsform: beschreibt, was passieren könnte

**Seite 36**

**1** Vor allem Nasenstecker und Augenbrauenpiercings sind inzwischen unter Jugendlichen weit verbreitet.

**2** **b.**

| Funktion | Textverknüpfer |
|---|---|
| eine Aussage einschränken | *zwar..., aber; aber* |
| einen Gegensatz aufzeigen | *einerseits ..., andererseits; obwohl* |
| etwas hervorheben | *vor allem* |

**3** **a.** *So könnte deine Lösung aussehen:*
Einerseits beeinträchtigen Piercings im Alltag, andererseits sind sie recht harmlos und können auch wieder entfernt werden. Zwar wirken manche Piercings abstoßend, aber sie heben einen von der Masse ab.

**3** b. Obwohl Piercings gerade angesagt sind, gibt es auch viele Jugendliche, die diese Mode nicht mitmachen.

## Seite 37

**1** b. *Diese Stichworte könntest du notiert haben:*
Forenbeitrag, Stellung nehmen, für Jugendliche + Eltern, Materialien M1 + M2; Einleitung: Thema, Position; Hauptteil: Argumente, Beispiele, Gegenargument entkräften; Schluss: Zusammenfassung, Schlussfolgerungen

## Seite 39

**1** *Diese Stichworte könntest du notiert haben:*
M1: Onlineforum, für und gegen Tattoos, cool oder nicht cool, Geschmack verändert sich, Entfernung schwierig und teuer; man hebt sich ab; Allergien und andere Probleme
M2: Zeitungsartikel, Bundespolizei: Bewerberin abgelehnt wegen Tattoos, „Zeichen eines gesteigerten Erlebnisdrangs“

**2** *So könnte deine Lösung aussehen:*
These 1: DocKlunker, Pinkpunk
These 2: Leonie3000, AliFant
These 3: Phoebe, AliFant

**3** b. *Diese Stichworte könntest du notiert haben*:

| Argumente für Tattoos | Argumente gegen Tattoos |
|---|---|
| – Man fühlt sich cool und einzigartig.<br>– Man kann sich von der Masse unterscheiden und seine Individualität unterstreichen.<br>– Recht auf freie Entfaltung der Persönlichkeit | – unüberlegt, entfernen lassen ist schwierig und teuer<br>– Entzündungen oder Allergien, Haut verändert sich<br>– Ablehnung bei Bewerbungen<br>– Tattoos können unangenehm auffallen. |

**4** *So könnte deine Antwort aussehen:*
Tätowierungen sind eine vorübergehende Mode, die man nicht unbedingt mitmachen muss.

## Seite 40

**5** *und* **6** *So könnte deine Lösung aussehen:*

| Nr. | Argument | Beispiel |
|---|---|---|
| 1 | Das Entfernen einer Tätowierung ist teuer, schmerzhaft und schwierig. | Die Behandlung zur Entfernung erfolgt durch einen Laser und ist mit Schmerzen verbunden. Bei großen Tattoos dauert die Entfernung lange und ist entsprechend teuer. Außerdem lässt sich nicht jede Tinte rückstandslos entfernen. Es können Narben zurückbleiben. |
| 2 | Auffällige Tätowierungen erschweren die Jobsuche. | Tattoos können bei bestimmten Berufen, z. B. der Bundespolizei, ein Ablehnungsgrund sein. |
| 3 | Die verwendete Farbe kann gesundheitsschädlich sein. | Minderwertige Farben können Entzündungen oder Allergien hervorrufen und die Haut und auch das Aussehen des Tattoos verändern. |

**7** *So könnte deine Lösung lauten:*
Oft wird behauptet, Tätowierungen könnten die Jobsuche erschweren. Jedoch sind viele Arbeitgeber toleranter als früher und beurteilen die Menschen nicht nach ihrem Äußeren, sondern nach Fähigkeiten und inneren Werten.

## Seite 41

**1** *So könnte deine Einleitung lauten:*
Mit Interesse verfolge ich die Forumsdiskussion zum Thema „Ein Tattoo gehört einfach dazu, wenn man cool sein will“. Ich möchte auch gleich meine Einstellung dazu nennen: Meiner Ansicht nach sind Tätowierungen gesundheitlich bedenklich und nicht immer „cool“.

**2** *So könnte dein Hauptteil lauten:*
Manche Menschen behaupten, dass Tätowierungen den individuellen Charakter des Trägers unterstreichen. Meine Erfahrung ist allerdings, dass inzwischen fast alle tätowiert sind. Jetzt fällt eher derjenige auf, der kein Tattoo hat.
Es ist auch so, dass minderwertige Farben Entzündungen oder Allergien hervorrufen, die Haut schädigen und das Aussehen des Tattoos verändern können. Zusätzlich zu dem gesundheitlichen Risiko erschweren auffällige Tätowierungen die Jobsuche, z. B. bei der Bundespolizei. Will man ein lästig gewordenes Tattoo entfernen lassen, ist dies schmerzhaft, langwierig und teuer. Außerdem lässt sich nicht jede Tinte rückstandslos entfernen. Es können Narben entstehen, die man dann anstelle des Tattoos sein Leben lang am Körper trägt.

**3** *So könnte dein Schlussteil lauten:*
Ich finde es wichtig, auf die Risiken aufmerksam zu machen. Mein Vorschlag ist die Einführung einer Beratung, die auf die Gefahren hinweist, bevor man sich tätowieren lässt. Dadurch könnte verhindert werden, dass jemand aus einer Laune heraus einen schwer rückgängig zu machenden Fehler begeht.

## Seite 42

**1** a. *Folgende Stellen solltest du markieren:*
Eigentlich finde ich Tattoos superscharf, aber im Gesicht und am Hals sind sie echt zu krass. Ich hätte keinen Bock darauf, dass mich alle anstarren.

b. Eigentlich finde ich Tattoos sehr schön, aber im Gesicht und am Hals sind sie wirklich zu auffällig. Mir würde es nicht gefallen, dass mich alle anstarren.

**2** a. Ich bin der Meinung, dass ~~klein~~ Tattoos nicht schlimm sind. Wenn es nötig ist, kann man sie durch ~~passenden~~ Kleidung verbergen. Man darf ~~niemanden~~ vorschreiben, ~~welche~~ Schmuck er tragen soll. Da jeder Mensch ~~ein~~ anderen Geschmack hat, sollte man offen sein gegenüber Tattoos.

b. Ich bin der Meinung, dass kleine Tattoos nicht schlimm sind. Wenn es nötig ist, kann man sie durch passende Kleidung verbergen. Man darf niemandem vorschreiben, welchen Schmuck er tragen soll. Da jeder Mensch einen anderen Geschmack hat, sollte man offen sein gegenüber Tattoos.

**3** a. und b.
Meiner Ansicht nach ist es nicht richtig, dass sich schon Jugendliche tätowieren lassen, besonders an sichtbaren Körperstellen. Sie sind noch zu jung und können noch gar nicht absehen, was sie ihrem Körper antun.

**Seite 45**

**1** Präsens

**2**

| | |
|---|---|
| „Ein soziales Jahr ist attraktiv, denn die Jugendlichen können praktische Lebenserfahrung sammeln, soziale Kompetenzen einüben und gleichzeitig neue Berufsfelder kennen lernen.“ (M1, Z. 5–7) | B |
| „Nachdem die Wehrpflicht und damit auch der Zivildienst abgeschafft worden sind, forderten manche Politiker die Einführung eines solchen sozialen Pflichtjahres.“ (M1, Z. 15–16) | C |
| „Auch ein FSJ im Ausland ist stark gefragt.“ (M1, Z. 25) | A |

**3** allen Jugendlichen: Dativobjekt
ein soziales Pflichtjahr: Subjekt
nach dem Schulabschluss: adverbiale Bestimmung der Zeit
*(Fortsetzung auf S. 8)*

**Seite 43–44** *So könnte deine Lösung zu der Prüfungsaufgabe aussehen:*

| | Lösung / *Erwartung* | Punkte |
|---|---|---|
| Einleitung und These | **Leserbrief**<br>In der letzten Ausgabe unserer Schülerzeitung wurde darüber diskutiert, ob ein soziales Pflichtjahr eingeführt werden sollte. Eine Aussage lautet: „Ein soziales Pflichtjahr ist nur Zeitverschwendung.“ Zu diesem Thema möchte ich folgende These vertreten: Ein soziales Pflichtjahr in sensiblen Bereichen wie der Kranken- und Altenpflege ist nicht empfehlenswert. | 5 |
| Hauptteil | Häufig wird betont, dass Jugendliche in einem sozialen Jahr praktische Lebenserfahrung sammeln und soziale Fähigkeiten einüben können. Meiner Meinung nach lassen sich solche Erfahrungen aber genauso gut in anderen Berufen machen. Auch kann es für Patienten in Kliniken oder Bewohner von Altersheimen unangenehm sein, wenn sie von jungen Leuten betreut werden, die diese Arbeit nicht freiwillig machen.<br>Einerseits ist es immer positiv, wenn sich Jugendliche für andere Menschen einsetzen, andererseits muss das aber nicht unbedingt innerhalb eines sozialen Jahres sein. Man kann sich z. B. auch in seiner Freizeit in Vereinen oder politischen Gruppen engagieren. Ich würde zwar nicht sagen, dass es sich um verschwendete Zeit handelt, doch ich bin gegen die Einführung eines sozialen Pflichtjahres. Schülerinnen und Schüler sollten frei entscheiden können, was sie nach ihrer Schulzeit tun wollen. Sogar im Grundgesetz steht, dass niemand dazu gezwungen werden darf, einen bestimmten Beruf zu ergreifen. Die Wahl der Ausbildung und Berufstätigkeit steht jedem Menschen frei. Schülerinnen und Schüler, die im sozialen Bereich arbeiten möchten, absolvieren in den Ferien oder nach der Schule sowieso ein Praktikum – oder sie entscheiden sich für ein Freiwilliges Soziales Jahr. | 25 |
| Schluss | Abschließend möchte ich betonen, dass jeder das Recht hat, sich seinen Beruf nach den eigenen Vorstellungen auszusuchen. Daher sollte es den Jugendlichen nach der Schulzeit freistehen, ob sie ein soziales Jahr absolvieren möchten oder nicht. | 5 |
| *Sprache und Form* | *– Rechtschreibung, Zeichensetzung und Grammatik werden weitestgehend beherrscht.*<br>*– Der Text ist in sachlicher Sprache und im Präsens formuliert.*<br>*– Der Aufbau ist verständlich und die Gedanken werden logisch miteinander verknüpft.*<br>*– Der Schreibanlass und die Adressaten wurden beachtet.* | 10 |

**Seite 45**

**4** Marie erzählt, dass sie im Freiwilligendienst beim Deutschen Roten Kreuz viel über sich und den Umgang mit anderen Menschen gelernt habe.

**5** *So könnte deine Lösung aussehen:*
sich engagieren: sich für andere einsetzen
soziale Kompetenz: Fähigkeit, mit anderen Menschen umzugehen
sensibler Bereich: ein Bereich, der eine besondere Verantwortung und Feingefühl erfordert

**Seite 46**

**1** b. *Diese Stichworte könntest du notiert haben:*
Kurzgeschichte lesen, untersuchen, zusammenhängenden Text schreiben, Teilaufgaben A–G bearbeiten: A: Einleitung schreiben: Titel, Autor, Thema; B: Inhalt; C: Hauptfiguren, ihr Verhältnis; D: besondere Bedeutung des Wetters; E: Merkmale der Kurzgeschichte (Textbelege); F: Schluss, wie zu verstehen?; Titel beachten; G: Aussage der Schülerin, Stellungnahme (Textbelege)

**Seite 49**

**3** *So könnte deine Antwort lauten:*
In der Geschichte wartet ein Mann lange auf eine Frau, die sich wegen eines Schneesturms verspätet. Er will ihr etwas Wichtiges sagen.

**4** a. „Am späten Nachmittag hatte es angefangen zu schneien." (Z. 1) „Als es klingelte, war es drei Uhr." (Z. 80)

b. *Diese Stichworte könntest du notiert haben:*
kurzer Zeitraum: später Nachmittag bis drei Uhr nachts

**5** b.

| | |
|---|---|
| Er erkundigt sich bei der Fluggesellschaft. | 2 |
| Er schaut aus dem Fenster und beobachtet den Hausmeister. | 1 |
| Er legt sich ins Bett. | 5 |
| Er sitzt auf dem Sofa und liest. | 4 |
| Er geht in ein Lokal, um etwas zu essen. | 3 |

**Seite 50**

**1** a. *Folgende Textstellen könntest du markiert haben.*
froh, Tag frei genommen, schon unruhig, verwarf Sätze, wusste, dass er keine hatte, immer sicher gewesen

b. *Diese Stichworte könntest du notiert haben:*
steht am Fenster, ist nachdenklich und unruhig, hat sich Sätze zurechtgelegt, hat keine Erklärung, ist unsicher

**2** b. *Diese Stichworte könntest du notiert haben:*

| Die beiden sind ein Paar. | Die Beziehung der beiden ist gestört. |
|---|---|
| – beim letzten Mal mit Blumen am Flughafen abgeholt (Z. 9–10).<br>– Sie sagt, dass sie sich auf ihn freue; er sagt, sie solle auf sich aufpassen (Z. 35).<br>– Sie wollten zusammen essen gehen (Z. 39).<br>– Er will sie zur Begrüßung küssen (Z. 85). | – Sie wird eine Erklärung fordern, die er ihr nicht geben kann (Z. 18–19).<br>– Er weiß nicht mehr, was für ein Sandwich sie gern isst (Z. 66–67).<br>– Sie weicht seinem Kuss aus (Z. 85). |

**3** *So könnte deine Lösung aussehen:*
Paar in einer Krise; er will ihr etwas sagen; er weiß nicht, wie; wirken zwar vertraut, aber auch fremd

**4** a. *Diese Eigenschaften könntest du ankreuzen:*
☒ liebevoll ☒ unsicher ☒ nachdenklich

b. *So könnte deine Lösung lauten:*
liebevoll: denkt viel an sie, kauft ihr ein Sandwich
unsicher, nachdenklich: guckt aus dem Fenster, denkt nach; ist unruhig, hat sich Sätze zurechtgelegt

**5** b. *Diese Stichworte könntest du notiert haben:*
ruhig und liebevoll: versucht, sie zu küssen (Z. 85); schaut sie lange an, sagt ihr, dass er sich freut, dass sie da ist (Z. 108–109)

**Seite 51**

**1** *Folgende Textstellen könntest du zitiert haben:*
„Der Hausmeister hatte seinen Kampf aufgegeben." (Z. 22)
„Alle Geschäfte waren geschlossen" (Z. 45)
„Die Stimmung war festlich, niemand sprach, es war, als seien sie alle Zeugen eines Wunders." (Z. 58–59)

**2** *Folgende Stichworte könntest du notiert haben:*

| Folgen für den Mann | Folgen für die Frau |
|---|---|
| – muss lange auf Ankunft der Frau warten<br>– Schnee durchkreuzt den Plan, mit ihr essen zu gehen<br>– hat viel Zeit zum Nachdenken | – ihr Flug wird umgeleitet<br>– muss Zug nehmen<br>– kommt mitten in der Nacht an<br>– muss das letzte Stück zu Fuß durch den Schnee |

**3** a. *Diese Antwort könntest du angekreuzt haben:*
☒ Der Schnee bedeckt die Straßen, die Autos können nur langsam und vorsichtig fahren, wenige Menschen sind unterwegs und es ist still in der Stadt. In dieser Stimmung treffen sich der Mann und die Frau wieder und können die Probleme, die sie vielleicht vorher miteinander hatten, eine Zeit lang vergessen.

**b.** *So könnte deine Lösung lauten:*
Diese Aussage hat mich am meisten überzeugt, weil sie erklärt, wie sich die Stimmung des Mannes während des Schneesturms ändert. Während des langen Wartens ist der Mann ruhiger geworden. Mögliche Probleme in der Beziehung scheinen nicht mehr so wichtig zu sein. Stattdessen freut er sich über ihre Ankunft und über den Schnee: „Ist es nicht wunderschön?“ (Z. 107)

## Seite 52

**1** *So könnte deine Lösung lauten:*
Ein Mann wartet auf eine Frau, die sich verspätet. Er tut alltägliche Dinge: guckt aus dem Fenster (Z. 14, 21, 77), geht etwas essen (Z. 57–65), kocht Tee, liest (Z. 79).

**2** *So könnte deine Lösung lauten:*
– plötzlich mittendrin: Die Geschichte beginnt unvermittelt mit dem Schneefall und den Gefühlen der Hauptfigur (Z. 1–2).
– ein kurzer Ausschnitt aus dem Leben: später Nachmittag (Z. 1) bis drei Uhr nachts (Z. 81)
– offenes Ende: unklar, was er ihr eigentlich sagen wollte; ihr Verhältnis bleibt offen (Z. 103–109)

**3** *So könnte deine Lösung lauten:*
sehr müde, sie umarmt ihn; neugierig, aber nicht genervt; ist nach New York gekommen, weil er sie darum gebeten hat und weil sie wissen will, was er ihr Wichtiges zu sagen hat

**4** *So könnte deine Lösung lauten:*
Wendepunkt: Frau stellt entscheidende Frage, der Mann sagt nicht das, was er vorbereitet hatte: „Was ist es denn so Dringendes, worüber du mit mir sprechen willst?“ „Ich liebe den Schnee“ (Z. 103–104)

**5** *So könnte deine Lösung lauten:*
Der Mann sagt: „Ich bin froh, dass du da bist.“ (Z. 109) Vielleicht war es das, was er ihr tatsächlich sagen wollte, dass er die Trennung nicht länger aushält. Der Titel „Die ganze Nacht“ deutet an, dass sie ja noch Zeit zum Reden haben, die Nacht ist ja noch nicht um. Der Schluss ist allerdings offen.

## Seite 53

**1** *So könnte deine Einleitung lauten:*
Die Kurzgeschichte „Die ganze Nacht“ von Peter Stamm handelt von einem Mann, der im eingeschneiten New York lange auf eine Frau wartet. Er will ihr etwas sehr Wichtiges sagen, worüber man allerdings nichts Genaues erfährt.

**2** *So könnte dein Hauptteil lauten:*
Die Geschichte beginnt am frühen Nachmittag. Der Mann wartet unruhig auf die Ankunft der Frau. Dabei denkt er an die Sätze, die er sich seit Wochen überlegt hat und die er ihr sagen möchte. Er fürchtet, dass sie eine Erklärung von ihm fordern wird, die er ihr aber nicht geben kann. Das Flugzeug der Frau wird währenddessen wegen des Schneesturms nach Boston umgeleitet, sie muss von dort einen Zug nach Manhattan nehmen.
Die Wartezeit vertreibt sich der Mann mit alltäglichen Dingen: Er sieht aus dem Fenster, guckt Fernsehen, geht in ein Lokal, kocht sich Tee und liest, bevor er sich ins Bett legt. Als die Frau mitten in der Nacht eintrifft, möchte sie erfahren, was er Dringendes mit ihr besprechen wollte. Der Mann antwortet: „Ich liebe den Schnee“ (Z. 104) und fragt sie: „Ist es nicht wunderschön?“ (Z. 107) Die Kurzgeschichte endet mit der Aussage des Mannes: „Ich bin froh, dass du da bist.“ (Z. 109)
Der Mann wirkt am Anfang der Geschichte unsicher und nachdenklich wegen des geplanten Gesprächs (Z. 16–20). Er scheint sich schon länger damit zu quälen, dass er der Frau etwas sagen möchte. Obwohl es nie ausgesprochen wird, bekommt man den Eindruck von einem Paar in der Krise. Als Paar erscheinen die beiden, weil sie sich umeinander sorgen: „Sie sagte, sie freue sich auf ihn, und er sagte, sie solle auf sich aufpassen.“ (Z. 35) Der Mann denkt auch daran, dass sie bei ihrer Ankunft hungrig sein wird, und besorgt ihr im Lokal ein Sandwich (Z. 66–68). Allerdings weiß er nicht mehr, was sie gern auf ihrem Sandwich isst. Daraus kann der Leser schließen, dass sich die beiden länger nicht gesehen haben, ihre Beziehung vielleicht gestört ist.
Der Schneesturm spielt für den Handlungsverlauf eine besondere Rolle. Er ist der Grund für die Verspätung der Frau und durchkreuzt damit auch den Plan des Mannes, mit ihr essen zu gehen. Außerdem überträgt sich die gedämpfte Winterstimmung nach und nach auf den Mann, der sich ganz von seinen vorbereiteten Sätzen entfernt: „Er dachte nicht mehr an seine Sätze, schaute nur noch hinaus auf die Straße“ (Z. 77–78).

In der Geschichte lassen sich typische Merkmale einer Kurzgeschichte erkennen. Die Handlung setzt unmittelbar ein. Sie beginnt spätnachmittags (Z. 1) und endet nach drei Uhr nachts (Z. 81) in New York. Ein kurzer Ausschnitt aus dem Leben der beiden Figuren wird gezeigt. Das Geschehen ist alltäglich, denn man erfährt, dass der Mann wartet, aus dem Fenster sieht, Tee kocht, liest. Als die Frau angekommen ist, will sie natürlich wissen, was der Mann ihr zu sagen hat. Sie stellt die entscheidende Frage, doch er antwortet nur: „Ich liebe den Schnee“ (Z. 103–104). Dies ist der Wendepunkt der Geschichte und leitet gleichzeitig das offene Ende ein. Was der Mann der Frau eigentlich Wichtiges sagen wollte, erfährt der Leser nicht (Z. 103–109).

Durch den Schnee und das lange Warten („Die ganze Nacht“) hat sich die Stimmung des Mannes geändert. Vielleicht hat er gemerkt, dass er sich doch mehr auf die Frau freut, als er gedacht hat. Am Ende wirkt er glücklich, dass sie bei ihm ist, und seine möglichen Zweifel an ihrer Beziehung sind zumindest für den Moment vergessen. Wie es mit der Beziehung der beiden weitergeht, bleibt offen.

**3** *So könnte dein Schluss lauten:*
Ich stimme der Aussage der Schülerin nicht zu. Der Schneesturm scheint doch die Ursache zu sein, weshalb sich die Gefühle und Gedanken des Mannes allmählich verändern. Je länger die Wartezeit dauert und je mehr Schnee fällt, umso klarer wird, dass der Mann seine vorbereiteten Worte nicht sagen wird. Am Ende sind seine innere Unruhe und Unsicherheit verschwunden und er scheint sich wirklich über das Wiedersehen zu freuen.

**3** Ich finde die Kurzgeschichte gelungen, weil sie viele Fragen zu der Beziehung zwischen den beiden Hauptfiguren aufwirft, dem Leser aber keine eindeutigen Antworten gibt. Mir gefällt auch, dass ein Zufall wie der plötzlich einsetzende Schneesturm über den Verlauf der Handlung und vielleicht sogar über die Beziehung der beiden entscheidet.

## Seite 54

**1** b. „Aber er war jetzt schon unruhig." (Z. 16)

**2** b. „Natürlich wusste er, dass sie es war, aber er war doch erstaunt, als die Tür des Aufzugs sich öffnete und er sie vor sich stehen sah." (Z. 83–84)

**3** c. *So könnte deine Lösung aussehen:*
Er hat sich offenbar wenig Gedanken über den Ablauf des Abends gemacht. Der Frau hat er vorher mitgeteilt, dass er etwas Wichtiges mit ihr besprechen müsse. Er ist aber nicht in der Lage, das Thema anzusprechen, sondern weicht ihrer Frage aus.

## Seite 55

**4** b. ~~watet~~, ~~nevös~~, ~~Fulghafen~~, ~~gelegn~~

c. Während er auf die Ankunft der Frau wartet, wirkt der Mann etwas nervös. Trotzdem hält er es nicht für nötig, sie vom Flughafen abzuholen. Es kommt ihm gelegen, dass sie sich ein Taxi nimmt.

**5** b. ~~wolte~~, ~~Schnesturms~~, ~~komende~~, ~~informirt~~, ~~Früstück~~

c. Eigentlich wollte er mit ihr ins Restaurant gehen, doch angesichts des Schneesturms ist das nicht möglich. Hätte er sich rechtzeitig über die kommende Wetterlage informiert, dann hätte er wohl etwas für das Frühstück eingekauft.

**6** b. ~~verspätung~~, ~~Wichtige~~, ~~Positives~~, ~~Werten~~, ~~mann~~

c. Durch die Verspätung hatte der Mann genügend Zeit, sich auf das wichtige Gespräch vorzubereiten. Als positives Zeichen ist zu werten, dass die Frau nicht genervt reagiert, obwohl der Mann ihrer Frage eher ausweicht.

## Seite 56–57

*Siehe Lösung/Erwartung auf Seite 11.*

## Seite 58

**1** a. Relativsatz

b. *So könnte deine Antwort lauten:*
Der Relativsatz „die ich kannte" gibt nähere Informationen zu der Wortgruppe „die anderen Männer" im Hauptsatz.

**2** wichen zurück, drehten sich um, rannten: Präteritum
hatten getan, hatte gegeben: Plusquamperfekt

**3** *So könnte deine Lösung lauten:*
Einfacher Satz: Dein Großvater war eigen. (Z. 4)
Satzreihe: Ich war acht Jahre alt, aber der Tag hat sich mir ins Gedächtnis gegraben. (Z. 8–9)
Satzgefüge: Es war auch nicht, weil er stark war. (Z. 3)

**4** a. „Ich erinnere mich noch gut an das erste Mal, als ich ihn sah." (Z. 8)

b. Das Komma trennt den Nebensatz vom Hauptsatz ab.

## Seite 59

**5**

| | |
|---|---|
| kam: Verb | er: Personalpronomen |
| in: Präposition | den: bestimmter Artikel |
| Winter: Nomen | und: Konjunktion |
| frischen: Adjektiv | als: Konjunktion |

**6** [X] Akkusativ

**7** *kommen*

**8** Nur Louisa de Rekel ist ausgerutscht. Die Jungs haben sie an einem Bein gefasst und johlend zu dem Eisloch geschleift. Sie hat geschrien und geschrien, aber wir alle sind in sicherer Entfernung geblieben. Wir haben nicht gedacht, dass die Jungs es so weit treiben würden.

**9** *So könnte deine Lösung aussehen:*
Der Großvater erscheint genau zur richtigen Zeit am richtigen Ort. Er sieht die lebensgefährliche Situation, kommt wie ein Ritter „zu Pferd aufs Eis geritten" (Z. 30) und rettet Louisa in letzter Sekunde. Da man von so etwas sonst nur in Büchern liest, vergleicht ihn die Großmutter hier mit einem Romanhelden.

## Seite 60

**1** [X] Sie ist verletzt und enttäuscht.

**1**

| | |
|---|---|
| Schmetterlinge im Bauch haben | C |
| über seinen Schatten springen | A |
| den Nagel auf den Kopf treffen | D |
| etwas durch eine rosarote Brille sehen | B |

**3** Ich bin verliebt. – Ich habe Schmetterlinge im Bauch.
Da musste ich mich sehr überwinden. – Ich musste über meinen Schatten springen.
Da habe ich genau das Richtige gesagt. – Ich habe den Nagel auf den Kopf getroffen.
Ich sehe alles immer nur positiv. – Ich sehe alles durch eine rosarote Brille.

**4** Überwinde dich und ruf ihn an. Vielleicht siehst du es ja zu negativ.

*(Fortsetzung auf S. 12)*

 *So könnte deine Lösung zu der Prüfungsaufgabe aussehen:*

| | Lösung / *Erwartung* | Punkte |
|---|---|---|
| Einleitung | In dem Auszug aus dem Roman „Das Schweigen der Eulen" von Jan de Leeuw geht es um einen Brief der Großmutter an ihren Enkel Arnoud. Darin erzählt die mittlerweile verstorbene Frau von ihrer ersten Begegnung mit dem Großvater, als beide noch Kinder waren. | 5 |
| Hauptteil | Der Brief beginnt und endet damit, dass die Großmutter den Großvater als einen außergewöhnlichen und beeindruckenden Menschen beschreibt. Sie erzählt von einem Wintertag, an dem sie als 8-jähriges Mädchen den damals 12-Jährigen das erste Mal sieht. Die Kinder des Dorfes laufen auf den zugefrorenen Tongruben Schlittschuh, als einige Jungen ein Loch in das Eis hacken, um zu angeln. Jules, einer der Jungen, kommt auf die Idee, die Mädchen als Köder zu benutzen. Die Jungen beginnen zum Spaß, die Mädchen zu jagen, und erwischen Louisa, weil sie auf dem Eis ausrutscht. Sie ziehen Louisa zu dem Eisloch und tun so, als ob sie sie hineinwerfen wollten. Louisa versucht sich loszureißen, verliert dabei das Gleichgewicht und fällt ins Wasser. Alle Kinder sind darüber entsetzt. In diesem Moment kommt der Großvater auf das Eis geritten, springt ins eiskalte Wasser und rettet Louisa das Leben. Nachdem er Jules dazu gezwungen hat, sich auszuziehen, um dessen trockene Kleidung anzuziehen, reitet er wieder davon. Jules bleibt nackt auf dem Eis stehen und muss sich in die Kleidung der anderen Jungen einwickeln.<br>Die Hauptfiguren in dem Romanauszug sind Arnouds Großmutter und Großvater, die zu diesem Zeitpunkt noch Kinder sind. Sie kennen sich nicht, obwohl sie im selben Dorf wohnen. Erst später, so scheint es, haben die beiden sich erneut getroffen und ineinander verliebt. Dass die Großmutter den Großvater schon hier sehr verehrt, erkennt man daran, wie sie ihn in dem Brief beschreibt: „Er war besonders. Er war größer, schien gegenwärtiger als die anderen Männer, die ich kannte." (Z. 4–5)<br>Die Großmutter schildert die Situation auf dem Eis einerseits als Beobachterin, andererseits als eines der beteiligten Mädchen. „Wir dachten nicht, dass die Jungs es so weit treiben würden." (Z. 21–22) Als Louisa in das Loch fällt, haben alle Kinder Angst, die Mädchen schreien und die Jungen rennen weg. Keines der Kinder versucht, Louisa zu retten. Erst als der Großvater sie aus dem Wasser geholt hat, kommen sie wieder zu sich. „Wir wurden erst wieder lebendig, als er schon tropfnass auf dem Eis stand." (Z. 36–37)<br>Im Brief der Großmutter wird an mehreren Stellen deutlich, dass der Großvater sie schon bei dieser ersten Begegnung sehr beeindruckt hat. Sie vergleicht ihn mit einer „Naturgewalt" (Z. 7) und schreibt, dass er „wie ein Romanheld" (Z. 29) auf das Eis geritten kommt. Wenn sie kurz vor seinem Erscheinen sagt: „Louisa hatte es gegeben" (Z. 28), drückt sie damit aus, dass Louisa wahrscheinlich gestorben wäre, wenn der Großvater nicht so mutig gehandelt hätte. Als die Großmutter schließlich erzählt, wie der Großvater Jules zwingt, ihm seine trockene Kleidung zu geben, heißt es: „Und da standen sie, zwei nackte Jungs auf dem Eis. Dein Großvater, der nackte Held." (Z. 44–45)<br>Die Großmutter glaubt, dass auch die anderen Mädchen die besondere Ausstrahlung des Großvaters bewundert hätten. „Alle Mädchen träumten von ihm. Aber nicht eine von ihnen dachte daran, etwas mit ihm anzufangen. Man fängt auch nichts mit dem Blitz an oder mit einem wilden Stier." (Z. 50–51) | 35 |
| Schluss | Ich stimme der Aussage des Schülers nicht zu. Man mag sich zwar fragen, wieso niemand etwas unternimmt, um Louisa zu retten. Ich kann mir aber vorstellen, dass die Kinder unter Schock stehen, als Louisa in das Loch fällt. Die Jungen merken, dass aus ihrem so harmlosen Spaß plötzlich eine lebensgefährliche Situation geworden ist. „Die Jungs schauten sich gegenseitig an. Sie hatten noch mehr Angst als wir. Was hatten sie getan? Sie wichen zurück, drehten sich um, rannten in alle Richtungen, bloß weg von dem Loch." (Z. 26–27) Für die anderen Kinder hätte es sicher auch gefährlich werden können, selbst einen Rettungsversuch zu unternehmen. Doch dann bindet sich der Großvater, der die Situation gleich richtig einschätzt, mit einem Seil am Zügel seines Pferdes fest, um wieder aus dem Eisloch herauszukommen. Es ist halt doch Geistesgegenwart und Mut nötig, um in so einer Situation das Richtige zu tun. | 10 |
| *Sprache und Form* | *– Rechtschreibung, Zeichensetzung und Grammatik werden weitestgehend beherrscht.*<br>*– Die Aussagen werden am Text belegt.*<br>*– Zitate sind richtig gekennzeichnet.* | 10 |

## Seite 61

**1** *So könnten deine Stichworte lauten:*
Goethes Gedicht „Willkommen und Abschied“ analysieren; Textsorte, Titel, Dichter nennen;
lyrisches Ich: Situation und Gefühle; Bedeutung der Naturbeschreibung; Gestaltungsmittel, Wirkung nennen; in die Epoche einordnen; Schluss, meine Deutungen

## Seite 62

**4** *Diese Stichworte könntest du notiert haben:*
aufgeregt, ängstlich; Liebe, Freude

**5** a. *Diese Wörter könntest du markiert haben:*
„frisch und fröhlich war mein Mut“; „welches Feuer“, „welche Glut“; „mein Herz an deiner Seite“; „geliebt zu werden!“

b. *Diese Vermutung könntest du notiert haben:*
Liebhaber mit seiner heimlichen Geliebten

**6** a. *Diese Textstellen könntest du markiert haben:*
„milde Freude / Floss von dem süßen Blick auf mich“, „das liebliche Gesicht“; „In deinen Küssen, welche Wonne! / In deinem Auge, welcher Schmerz!“; „sahst mir nach mit nassem Blick“, „welch Glück, geliebt zu werden!“

b. die Geliebte

**7** ☒ Zwei Liebende treffen sich in der Nacht und nehmen am Morgen wieder Abschied voneinander.

## Seite 63

**5** a. *Diese Wortgruppen könntest du markiert haben:*
„schlug mein Herz“, „kläglich“, „schauerlich“, „frisch und fröhlich war mein Mut“, „welches Feuer!“, „welche Glut!“, „milde Freude“, „Verengt der Abschied mir das Herz“, „welch Glück“

b. *So könnten deine Stichworte lauten:*
Auf dem Weg zu der Geliebten: ängstlich, voller Vorfreude, aufgeregt, glücklich

Bei der Geliebten: furchtlos, glücklich, traurig, verzweifelt

**2** b.
Bild 1: Schon stand im Nebelkleid die Eiche,
Ein aufgetürmter Riese, da
Bild 2: Wo Finsternis aus dem Gesträuche
Mit hundert schwarzen Augen sah
Bild 3: Ein rosenfarbnes Frühlingswetter
Umgab das liebliche Gesicht

**3** Die Nacht schuf tausend Ungeheuer – Die Natur machte mir Angst.
Die Winde schwangen leise Flügel – Es wehte ein leichter Wind.
In meinem Herzen, welche Glut – Meine Sehnsucht war stark.
Floss von dem süßen Blick auf mich – Du schautest mich verliebt an.
Jeder Atemzug für dich – Für dich würde ich alles geben.
Verengt der Abschied mir das Herz – Ich war sehr traurig.

**4** *So könnte deine Lösung lauten:*
Die sprachlichen Bilder sind sehr poetisch und gefühlvoll. Man kann sich den dämmrigen Wald gut vorstellen, auch die Angst und Vorfreude des lyrischen Ichs kann man gut nachfühlen.

## Seite 64

**1** b. x x́ x x́ x x́ x x́ x
Es schlug mein Herz, geschwind zu Pferde!
x x́ x x́ x x́ x x́
Es war getan fast eh gedacht.
x x́ x x́ x x́ x x́ x
Der Abend wiegte schon die Erde,
x x́ x x́ x x́ x x́
Und an den Bergen hing die Nacht;

**2** Es schlug mein Herz, geschwind zu Pferde! *a*
Es war getan, fast eh gedacht; *b*
Der Abend wiegte schon die Erde *a*
Und an den Bergen hing die Nacht: *b*
Schon stand im Nebelkleid die Eiche, *c*
Ein aufgetürmter Riese, da, *d*
Wo Finsternis aus dem Gesträuche *c*
Mit hundert schwarzen Augen sah. *d*

**3** a. vier Strophen mit jeweils acht Versen, Jambus, einheitliches Reimschema: Kreuzreim

b. *So könnte deine Lösung lauten:*
Der Rhythmus wirkt auf mich wie ein Pferd im Galopp, schnell und atemlos. Dazu passen die wechselnden Gefühle des lyrischen Ichs. Das einheitliche Reimschema unterstreicht diese Wirkung noch.

## Seite 65

**4** b. *So könnten deine Stichworte lauten:*
Trauer, aber auch Dankbarkeit dafür, geliebt zu werden; verliebt, sehnsüchtig; „Willkommen und Abschied“: Treffen und Abschied liegen nahe beieinander

**5** *Folgendes könntest du markiert haben:*
21 Jahre, junge Frau, verliebt, glückliche Zeit, beendete Goethe die Beziehung; „Sturm und Drang“, gefühlsbetont, Erlebnis, stark berührt, Herz, Liebe, Einsamkeit, Abschied, Schmerz, Natur, bildhaft, Ausrufen

**6** *So könnte deine Lösung lauten:*
– Motive Herz, Liebe, Abschied, Schmerz: „Verengt der Abschied mir das Herz“ (V. 26); „In deinem Auge, welcher Schmerz!“ (V. 28)
– Ausrufe: „welches Feuer!“ (V. 15), „welche Glut!“ (V. 16); „Doch ach! schon mit der Morgensonne“(V. 25); „welch Glück, geliebt zu werden!“ (V. 31)

## Seite 66

**1** *So könnte deine Einleitung lauten:*
Das Gedicht „Willkommen und Abschied“ von Johann Wolfgang von Goethe handelt von einem nächtlichen Treffen eines Paares. Der Liebende reitet in der Abenddämmerung zur Geliebten. Beide sind für eine kurze Zeit glücklich vereint, doch als der Morgen kommt, müssen sie wieder Abschied voneinander nehmen.

**2** *So könnte dein Hauptteil lauten:*
Das lyrische Ich reitet durch den abendlichen Wald zu seiner Geliebten. Es freut sich auf das Treffen, ist gleichzeitig aber auch von Unruhe und Furcht geplagt. Die unheimliche Stimmung und die wechselnden Gefühle des lyrischen Ichs werden in der ersten Strophe durch Naturbeschreibungen und Metaphern ausgedrückt: „Schon stand im Nebelkleid die Eiche, / Ein aufgetürmter Riese, da, / Wo Finsternis aus dem Gesträuche / Mit hundert schwarzen Augen sah.“ (V. 5–8)
Die düstere Stimmung setzt sich in der zweiten Strophe fort („Die Nacht schuf tausend Ungeheuer“, V. 13). Doch dann besinnt sich das lyrische Ich ganz auf seine Liebe und die Vorfreude. „Doch frisch und fröhlich war mein Mut: / In meinen Adern, welches Feuer!“ (V. 14–15).
Die dritte Strophe schildert das Treffen des Paares. Das lyrische Ich beschreibt die überspringende Freude seiner Geliebten: „Dich sah ich und die milde Freude / Floss von dem süßen Blick auf mich“ (V. 17–18). Es spricht sie direkt an und offenbart seine Gefühle: „Ganz war mein Herz an deiner Seite, und jeder Atemzug für dich“ (V. 19–20). Es bewundert seine Geliebte, beschreibt das „liebliche Gesicht“, das ein „rosenfarbnes Frühlingswetter” (V. 21) umgibt. Zuletzt ruft das lyrische Ich sogar die Götter an, denn er glaubt, seine wundervolle Geliebte gar nicht verdient zu haben: „Ich hofft' es, ich verdient' es nicht“ (V. 24).
In der vierten und letzten Strophe geht es um den Abschied. Mit Tagesanbruch müssen sich die Liebenden voneinander trennen. Die Stimmung ändert sich mit dem Ausruf „Doch ach!“ (V. 25). Beiden fällt der Abschied schwer, sie sind traurig und verzweifelt: „Verengt der Abschied mir das Herz“ (V. 26) „In deinem Auge welcher Schmerz!“ (V. 28). Als der Geliebte fortreitet, bleibt sie weinend zurück. Am Ende spricht das lyrische Ich noch einmal die Götter an und ist trotz Liebeskummer froh darüber, dass es diese Liebe erlebt hat: „Und doch, welch Glück, geliebt zu werden! / Und lieben, Götter, welch ein Glück!“ (V. 31–32).

Das Gedicht besteht aus vier Strophen mit jeweils acht Versen. Es herrscht ein einheitliches Reimschema mit Kreuzreimen vor. Als Metrum verwendet der Dichter einen Jambus, der eine zum Teil atemlose Spannung und Geschwindigkeit erzeugt.
Die gleichmäßige Form des Gedichts und das einheitliche Reimschema bilden einen gewissen Gegensatz zu den wechselnden Gefühlen der Liebenden.

Das Gedicht ist ganz typisch für die Epoche des „Sturm und Drang“: Es beruht auf einem Erlebnis des jungen Goethe, nämlich seiner Liebe zu Friederike Brion. Auch üblich für diese Zeit sind die Naturbeschreibungen und die Motive – Herz und Schmerz, Liebe und Abschied. Die Sprache ist entsprechend gefühlsbetont.

**4** *So könnte dein Schluss lauten:*
Das Gedicht beschreibt eigentlich genau das, was der Titel nennt: „Willkommen und Abschied“. Dem sehnsüchtigen, unheimlichen Ritt des Liebenden zur Geliebten folgt das verliebte Beisammensein, nur um gleich wieder vom Abschiedsschmerz abgelöst zu werden. Und doch endet das Gedicht mit einem lebensbejahenden Ausruf („Und lieben, Götter, welch ein Glück!“, V. 32), dass die Liebe auch diesen größten Schmerz wert ist.

### Seite 67

**1** b. Am Ende der zweiten Strophe wandelt sich jedoch die Stimmung. Als Leser merkt man nun, wie sich das lyrische Ich auf die Geliebte freut. „Doch frisch und fröhlich war mein Mut: / In meinen Adern, welches Feuer!“ (V. 14–15)

**2** a. In der dritten Strophe wird endlich das Treffen mit der Geliebten beschrieben. Diese Verse beschreiben das im Titel erwähnte „Willkommen“. Das lyrische Ich beschreibt den „süßen Blick“ (V. 18) und das liebliche Gesicht (V. 22) seiner Geliebten. In der letzten Strophe wird der schmerzliche Abschied am Morgen beschrieben.

In der dritten Strophe wird endlich das Treffen mit der Geliebten beschrieben. Diese Verse stellen das im Titel erwähnte „Willkommen“ dar. Das lyrische Ich schwärmt für den „süßen Blick“ (V. 18) und das liebliche Gesicht (V. 22) seiner Geliebten. In der letzten Strophe wird der schmerzliche Abschied am Morgen dargestellt.

**3** a. und b.
Die Natur, die Geliebte und die Gefühle werden aus der Sicht des Liebenden dargestellt. Der Leser kann sich z. B. die Eiche, die als „aufgetürmter Riese“ (V. 6) bezeichnet wird, gut vorstellen. Weil das lyrische Ich am Ende seine Geliebte verlässt, hat mich das Gedicht eher traurig gestimmt.

### Seite 70

**1** *Das solltest du markiert haben:*
<u>bewerbe</u> ... <u>Ausbildungsplatz</u> ... <u>Tischler</u>

**2** *So sollten deine Betreffzeilen lauten:*
Bitte um Nachricht
Zusage der Teilnahme
Fragen zum Referat
Terminvorschlag für das Treffen
Terminbestätigung

**3** *So könnten deine Betreffzeilen lauten:*
Terminbestätigung für das Beratungsgespräch
Absage des Spiels am Samstag

### Seite 71

**1** *Folgende Angaben könntest du ergänzt haben:*
Lieblingsfächer: Mathematik, Kunst
Schulische Aktivitäten: Mode-AG
Kenntnisse: gute Englischkenntnisse, Textverarbeitung
Praktikum: März 2015 im Möbelgeschäft „Junges Wohnen“ in Bonn
Hobbys: Nähen, Zeichnen, Hockey

### Seite 72

**1** b. *Du solltest von oben nach unten nummeriert haben:*
1 (E-Mail-Adresse)
2 (Betreffzeile)
4 (Anhang)
5 (höfliche Anrede)
5 (Grußformel)
3 (Fuß mit Kontaktdaten)

## Seite 73

**1** a., b. und c. *Folgende Fehler solltest du finden:*
Betreff: Meine Bewerbung
Anlage: Lebenslauf-usw.pdf

Hallo Herr Karatas ,

durch eine Werbebroschüre bin ich auf Ihren Betrieb aufmerksam geworden. Ich habe dann auf ~~ihrer~~ Internetseite gesehen, dass ~~sie~~ drei ~~Ausbildungplätze~~ anbieten. Während eines Praktikums in einer Möbelwerkstatt konnte ich bereits die Arbeit des Polsterers kennen lernen. In der Theater-AG unserer Schule war ich im ~~lezten~~ Jahr für das Bühnenbild ~~zustendig~~. Da mir handwerkliche Arbeit sehr liegt, würde ich gern eine ~~ausbildung~~ als Raumausstatter bei Ihnen machen. Meine ~~Bewerbungsunterlagn~~ sende ich Ihnen in der Anlage.

Viele Grüße

Elias Smirnow

**2** *Folgendes könntest du geschrieben haben:*
Betreff: Ausbildung zum Raumausstatter
Anlage: Bewerbung_Elias.Smirnow

**3** *So sollte das Bewerbungsschreiben aussehen:*
Sehr geehrter Herr Karatas,

durch eine Werbebroschüre bin ich auf Ihren Betrieb aufmerksam geworden. Ich habe dann auf Ihrer Internetseite gesehen, dass Sie drei Ausbildungsplätze anbieten. Während eines Praktikums in einer Möbelwerkstatt konnte ich bereits die Arbeit des Polsterers kennen lernen. In der Theater-AG unserer Schule war ich im letzten Jahr für das Bühnenbild zuständig. Da mir handwerkliche Arbeit sehr liegt, würde ich gern eine Ausbildung als Raumausstatter bei Ihnen machen. Meine Bewerbungsunterlagen sende ich Ihnen in der Anlage.

Mit freundlichen Grüßen

Elias Smirnow

## Seite 74

**1** a.

| | richtig | falsch |
|---|---|---|
| das Abschlusszeugnis | X | |
| der Urlaubsantrak | | X |
| der Ausbildungvertrag | | X |
| das Weinachtsgeld | | X |

**1** b. das Abschlusszeugnis, der Urlaubsantrag, der Ausbildungsvertrag, das Weihnachtsgeld

**2** a. und b.
ausfüllen, (der) Gebäudereiniger, telefonieren, (der) Stresstest

**3** In unserem *Betrieb* wird die Mitbestimmung großgeschrieben. Zweimal im Jahr findet eine *Versammlung* statt, auf der wir mit den *Mitarbeitern* sprechen. Dabei fragen wir nach der Zufriedenheit bei der Arbeit. Auch an *Kritik* und *Verbesserungsvorschlägen* sind wir interessiert.

**4** a) Düsseldorf b) der Atlantik
c) der Bundespräsident/die Bundespräsidentin
d) 16

## Seite 75

**1** b. der Möbelhund: die Möbel + der Hund
das Rollbrett: rollen + das Brett
der Streifenschneider: der Streifen + der Schneider
die Knopfmaschine: der Knopf + die Maschine

**2** *von links nach rechts:*
Bild 1: die Spitzklingen
Bild 2: die Andrückrolle
Bild 3: das Delfinmesser

**3** Nomen + Nomen: das Delfinmesser (der Delfin + das Messer)
Verb + Nomen: die Andrückrolle (andrücken + die Rolle)
Adjektiv + Nomen: die Spitzklingen (spitz + die Klingen)

**4** der Bindfaden, der Klebstoff, der Schleifstein, die Schmierseife

## Seite 76

**1** a. Gestern trafen sich Meltem, Lisa und Jan bei ihrem Lieblingsitaliener. Allerdings herrscht dort gerade am Wochenende immer viel Betrieb. Vor einiger Zeit hatten sie schon einmal die Erfahrung gemacht, dass am Freitagabend alle Tische besetzt waren. „Da haben wir aber Glück gehabt“, rief Meltem, als sie in der Ecke noch drei freie Plätze fanden. „Nächstes Mal werde ich einen Tisch für uns vorbestellen“, versprach Jan.

b.

| Definition | Verbformen |
|---|---|
| Präsens: über etwas sprechen, das jetzt oder regelmäßig geschieht | *es herrscht* |
| Präteritum: über Vergangenes schriftlich erzählen oder berichten | *sie trafen, sie waren, sie fanden, sie rief, er versprach* |
| Perfekt: über Vergangenes mündlich erzählen | *wir haben gehabt* |
| Plusquamperfekt: über einen Vorgang sprechen, der vollendet war, bevor ein anderer begann | *sie hatten gemacht* |
| Futur: über Dinge sprechen, die in der Zukunft liegen | *ich werde vorbestellen* |

**2** Der König von Italien *wollte* eines Tages auch einmal Pizza probieren. Am 11. Juni 1889 *ließen* er und seine Frau sich von dem Pizzabäcker Esposito verschiedene Pizzen in den Palast schicken. Eine Pizza *hatte* Esposito mit Basilikum, Mozzarella und Tomate *belegt*, grün, weiß, rot – wie die italienische Flagge. „Diese Pizza *hat* mir am besten *geschmeckt*“, schwärmte die Königin nach dem Essen und *lobte* den Pizzabäcker. Also *taufte* der clevere Esposito die Pizza auf den Namen der Königin: Margherita! Die „Margherita“ *gehört* heute zu den beliebtesten Pizzen.

## Seite 77

**1** a. und b.

| | |
|---|---|
| Aktiv | Um 14 Uhr besprechen wir die Aufgaben für den nächsten Tag. |
| Passiv | Um 14 Uhr werden die Aufgaben für den nächsten Tag besprochen. |

**2** In der Frühschicht werden ab 6:30 Uhr die bettlägerigen Bewohner gewaschen. Um 8 Uhr werden das Frühstück und die Medikamente ausgeteilt. Je nach Wunsch werden die Bewohner im Laufe des Vormittags frisiert oder geduscht. Gegen 12 Uhr wird das Mittagessen serviert. Um 14 Uhr werden die Aufgaben für den nächsten Tag besprochen. In der Spätschicht wird ab 14:30 Uhr Kaffee oder Tee und dazu Kuchen ausgeteilt. Zwischen dem Kaffeetrinken und dem Abendessen werden verschiedene Aktivitäten angeboten.

## Seite 78

**1** a. Jannis sagte, dass die Benotung Vorteile und Nachteile habe. Er kenne eine Schule, in der es bis zur 9. Klasse keine Noten gebe. Dort seien die Schülerinnen und Schüler daran gewöhnt, ohne Notendruck zu lernen. Allerdings gab er zu, dass er trotzdem für Zensuren sei. So könne man sich selbst besser einschätzen.

b.

| Indikativ | Konjunktiv I |
|---|---|
| sie hat | *sie habe* |
| er kennt | *er kenne* |
| es gibt | *es gebe* |
| sie sind | *sie seien* |
| er ist | *er sei* |
| man kann | *man könne* |

**2** Milena sagte, dass sich natürlich jeder gute Noten *wünsche*. Sie *finde* Zensuren jedoch eher schädlich, weil sie oft entmutigend *seien*. Sie *sehe* deshalb die Gefahr, dass Zensuren Misserfolge *verstärkten*.

**3** Gloria sagte, Schüler der höheren Klassen seien meist für eine Benotung, weil sie später auch in der Berufsschule Noten bekämen. Sie stimme Jannis zu. Für die Selbsteinschätzung seien Noten hilfreich. Man dürfe sie aber nicht überbewerten.

## Seite 79

**1** a. und b.

| Definition | Beispiele |
|---|---|
| Nomen bezeichnen Lebewesen, Gegenstände und gedachte oder vorgestellte Dinge. | *der Bahnsteig, die Bücher, die Schule, der Witz* |
| Artikel begleiten Nomen. | *der, die, ein* |
| Adjektive beschreiben Personen, Tiere oder Gegenstände genauer. | *groß, klug, nett* |
| Verben geben an, was jemand tut oder was geschieht. | *ertönen, schlafen, gehen* |
| Konjunktionen (Bindewörter) verbinden Sätze oder Wortgruppen. | *als, weil, dass, obwohl* |
| Präpositionen (Verhältniswörter) drücken aus, wo etwas ist, wohin es kommt, wann oder warum etwas geschieht. | *im, auf, neben, über, bei* |
| Pronomen können Nomen oder Wortgruppen ersetzen, sagen, wem etwas gehört, oder auf etwas hinweisen. | *ihr, du, wir, sich* |

**2**
*Nomen* *Präposition*
Sprechstunde beim Hausarzt.
*Artikel* *Verb*
Der 16-jährige Patient betritt das
*Nomen* *Verb* *Pronomen*
Sprechzimmer und lässt sich
*Präposition* *Verb*
in den Stuhl fallen.
*Pronomen* *Verb*
Warum er komme, möchte
*Nomen*
der Doktor wissen. Die Antwort
*Adjektiv*
des jungen Mannes lautet:
*Adjektiv* *Nomen*
„Stark erhöhte Bocklosigkeit.“

## Seite 80

**1** a. und b. *So könnte deine Lösung aussehen:*
Die neuen Azubis / begrüßt / die Chefin / im Empfangsraum.
Die Chefin / begrüßt / die neuen Azubis / im Empfangsraum.

**2** Wer oder was zeigt den Neuen die moderne Werkstatt?
*der Ausbildungsleiter*
Was tut der Ausbildungsleiter? *zeigt*
Wen oder was zeigt der Ausbildungsleiter den Neuen?
*die moderne Werkstatt*
Wem zeigt der Ausbildungsleiter die moderne Werkstatt?
*den Neuen*
Auf was freut sich Anna? *auf ihren ersten Arbeitstag*

**3**

| Satzglieder | Fragen | Beispiele |
|---|---|---|
| Subjekt | Wer oder was? | der Ausbildungsleiter |
| Prädikat | Was tut? | zeigt |
| Akkusativobjekt | Wen oder was? | die moderne Werkstatt |
| Dativobjekt | Wem? | den Neuen |
| Präpositionalobjekt | Über was? Auf was? Für was? Mit was? | auf ihren ersten Arbeitstag |

**Seite 81**

**4** Ein wichtiges Thema in der Ausbildung ist die Sicherheit am Arbeitsplatz. Schon in der ersten Woche werden in der Werkstatt die Maschinen und Werkzeuge erklärt und die Sicherheitsvorschriften ausführlich besprochen. Wegen des Gesundheitsschutzes sollen die Azubis über alle möglichen Gefahrenquellen am Arbeitsplatz Bescheid wissen.

**5**

| Adverbiale Bestimmung | Fragen | Beispiele |
|---|---|---|
| – der Zeit | Wann? Wie lange? | *schon in der ersten Woche* |
| – des Ortes | Wo? Wohin? | *in der Werkstatt* |
| – der Art und Weise | Wie? | *ausführlich* |
| – des Grundes | Warum? | *Wegen des Gesundheitsschutzes* |

**6** a. und b.

*Subjekt* Bülent *Prädikat* zeigt *Dativobjekt* dem Azubi
*adverbiale Bestimmung der Zeit* heute *Akkusativobjekt* die Kreissäge.

*adverbiale Bestimmung des Grundes* Wegen des Lärms *Prädikat* tragen *Subjekt* sie
*Akkusativobjekt* einen Gehörschutz.

**7** a. und b.
In den vorderen Verkaufsräumen werden die Kunden der Firma beraten.

Anna führt einer interessierten Kundin Gardinenstoffe der neuen Saison vor.

**Seite 82**

**1** a. und b.
Die Kork-Yogis
In Berlin sollten Touristen öfter mal nach oben schauen, weil man auf vielen Straßenschildern kleine Figuren entdecken kann. Es sind sogenannte Kork-Yogis, die der Yoga-Lehrer Josef Foos aus Kork und Holzspießen bastelt. Sie nehmen alle eine bestimmte Yogaposition ein. Foos, der sich von einem Londoner Künstler anregen ließ, hat inzwischen über 1000 Yogis auf den Schildern angebracht. Obwohl man Straßenschilder eigentlich nicht bekleben darf, duldet das Ordnungsamt seine Kunstaktion. Berliner berichten jedoch, dass manche Yogis schon nach kurzer Zeit wieder verschwunden sind. Wenn ein Exemplar besonders schön ist, nehmen Sammler es manchmal einfach mit. Freunde und Bekannte kommen oft mit Korken in Foos' Werkstatt, während er neue Yogis zusammenbaut.

c.

| Definitionen | Beispielsätze |
|---|---|
| Nebensätze mit **weil** geben eine Begründung an. | In Berlin sollten Touristen öfter mal nach oben schauen, weil man auf vielen Straßenschildern kleine Figuren entdecken kann. |
| Nebensätze mit **wenn** geben eine Bedingung an. | Wenn ein Exemplar besonders schön ist, nehmen Sammler es manchmal einfach mit |
| Nebensätze mit **dass** folgen oft nach den Verben **sagen**, **denken**, **meinen**, **glauben**. | Berliner berichten jedoch, dass manche Yogis schon nach kurzer Zeit wieder verschwunden sind. |
| Nebensätze mit **obwohl** schränken die Aussage des Hauptsatzes ein. | Obwohl man Straßenschilder eigentlich nicht bekleben darf, duldet das Ordnungsamt seine Kunstaktion. |
| Nebensätze mit **als**, **bevor**, **nachdem**, **während** ordnen das Geschehen zeitlich ein. | Freunde und Bekannte kommen oft mit Korken in Foos' Werkstatt, während er neue Yogis zusammenbaut. |
| Relativsätze erklären ein Nomen im Hauptsatz genauer. | Es sind sogenannte Kork-Yogis, die der Yoga-Lehrer Josef Foos aus Kork und Holzspießen bastelt. |

**Seite 83**

**2** b. *So könnte deine Lösung lauten:*
Die Herstellung der Figuren ist nicht ganz einfach, weil Foos den Yogis Knie- und Ellbogengelenke basteln muss.
Die Herstellung der Figuren ist nicht ganz einfach, weil sie stabil und wasserfest sein müssen.

**3** b. *So könnte deine Lösung lauten:*
Josef Foos bastelt weiter neue Kork-Yogis, obwohl manche Figuren von Sammlern einfach mitgenommen werden.
Obwohl die Figuren auch durch Regen und Sturm beschädigt werden, bastelt Josef Foos weiter neue Kork-Yogis.

**4** *So könnte deine Lösung lauten:*
Josef Foos, der inzwischen auch Angler, Skater und Musiker aus Kork gebastelt hat, möchte den Leuten mit seinen Figuren eine Freude machen.
Die Kork-Yogis, die man auf Straßenschildern in der ganzen Stadt findet, kann man sich auch im Internet ansehen.

Grundausgabe
Nordrhein-Westfalen

# Doppel-Klick

10

## Das Arbeitsheft
## + Sprachförderung
## Prüfungsvorbereitung

Herausgegeben von
Werner Bentin

Erarbeitet von
Angela Adhikari, Ulrich Deters, Sandra Heidmann-Weiß,
Matthias Scholz, Isabel Tebarth, Renate Teepe

Cornelsen

# DOPPEL-KLICK

## DAS ARBEITSHEFT + SPRACHFÖRDERUNG

## Prüfungsvorbereitung

### Leseverstehen



### Informierende Texte schreiben



### Schriftlich Stellung nehmen



### Literarische Texte analysieren und interpretieren

# Berufsvorbereitung

## Rund um die Bewerbung



## Wissenswertes auf einen Blick



**Wissenswertes auf einen Blick** findest du auch auf den Umschlagseiten vorn und hinten in diesem Arbeitsheft.

# Grammatik

## Wiederholung der Grammatik



Mit den Übungen und Kapiteln dieses Arbeitsheftes werden **die schriftlichen Klassenarbeiten und Prüfungen in Klasse 10** vorbereitet.
Dabei werden folgende **Kompetenzen** trainiert:

### Typ 2: Informierendes Schreiben

– in einem funktionalen Zusammenhang sachlich berichten oder beschreiben
– auf der Basis von Materialien einen informativen Text verfassen
➔ Einen informierenden Text schreiben S. 21–27, 30–33

### Typ 3: Argumentierendes Schreiben

– eine Argumentation zu einem Sachverhalt verfassen
➔ Schriftlich Stellung nehmen S. 37–41, 43–44

### Typ 4: Analysierendes Schreiben

4 a) einen Sachtext oder literarischen Text analysieren
4 b) durch Aufgaben geleitet aus diskontinuierlichen Texten Informationen ermitteln
➔ Leseverstehen S. 5–19
➔ Eine Kurzgeschichte analysieren S. 46–53
➔ Einen Romanauszug analysieren S. 56–57
➔ Ein Gedicht analysieren S. 61–66

### Typ 5: Überarbeitendes Schreiben

– einen fremden Text überarbeiten
➔ Texte überarbeiten S. 28–29, 42, 54–55, 67
➔ Ein Bewerbungsschreiben überarbeiten S. 73

### Typ 6: Produktionsorientiertes Schreiben

– produktionsorientiert zu Texten schreiben
➔ Eine Geschichte weiterschreiben S. 52

# Sätze verknüpfen – Folgen ausdrücken

Das Klima hat auch Folgen für die Größe der Pinguine.

*Der Kaiserpinguin*

## Angepasste Pinguine

Vor mehr als 170 Jahren fragte sich der Forscher Carl Bergmann, warum der Kaiserpinguin, der am Südpol lebt, viel größer ist als der Humboldt-Pinguin auf den Galapagosinseln. Dabei hat Bergmann etwas Interessantes herausgefunden: Die Pinguine leben schon lange in diesen Gebieten, sodass sie sich den Lebensbedingungen anpassen konnten. Bergmann untersuchte das genauer und stellte fest: Bei Kaiserpinguinen ist die Körperoberfläche im Verhältnis zu ihrem Körpervolumen geringer, sodass sie weniger Wärme an die Umgebung abgeben. Zudem besitzen die in der Antarktis lebenden Pinguine ein dichtes Gefieder und eine dicke Fettschicht, sodass ihr Körper gut isoliert ist.

**1** Worum geht es in dem Text? Schreibe einen Satz auf.

**2** Im Text ist ein Satzgefüge hervorgehoben.
Schreibe das Satzgefüge auf. Kreise die Konjunktion ein, die den Nebensatz einleitet.

**3** a. Welcher Teilsatz aus Aufgabe 2 nennt eine Ursache? Markiere ihn in einer Farbe.
b. Welcher Teilsatz aus Aufgabe 2 nennt eine Folge? Markiere ihn in einer anderen Farbe.

**4** a. Finde im Text zwei weitere Satzgefüge, in denen Ursache und Folge genannt werden.
b. Markiere Ursache und Folge in unterschiedlichen Farben.

**5** Verbinde die folgenden Satzpaare über die Humboldt-Pinguine zu Satzgefügen.
**Tipp:** Verwende die Konjunktion **sodass**.
a. Überlege, welcher Satz jeweils eine Ursache nennt und welcher eine Folge.
b. Schreibe das Satzgefüge auf.

Die Humboldt-Pinguine haben im Verhältnis zur Körperoberfläche ein kleineres Körpervolumen.
Sie geben mehr Wärme an die Umgebung ab.
Humboldt-Pinguine zählen heute zu den bedrohten Tierarten. Nachzuchten in Tiergärten und Zoos sind zur Arterhaltung äußerst wichtig.

# Die Aufgabentypen kennen lernen

Du lernst verschiedene Aufgabentypen zum Leseverstehen kennen, die in der Prüfung vorkommen können.
Den Text liest du mit den Textknacker-Schritten 1 bis 3.

## Zwei Kandidaten für Leben im All

Thomas Trösch

*Die Erde und der Exoplanet Kepler 452 b im Vergleich*

**Gleich acht neue Planeten außerhalb unseres Sonnensystems haben US-Wissenschaftler entdeckt. Zwei dieser fernen Exoplaneten[1] könnten sich sogar besonders gut für Lebewesen eignen.**

1 **Berlin.** Seit Mitte der 1990er-Jahre, als erstmals Planeten außerhalb unseres Sonnensystems nachgewiesen wurden, suchen Astronomen nach erdähnlichen Himmelskörpern, auf denen es möglicherweise Leben geben könnte. Doch die meisten der mehr als 1000 bislang entdeckten Exoplaneten erwiesen sich als riesige Gasbälle – heiß, unwirtlich[2] und lebensfeindlich.

2 Dank immer besserer Beobachtungstechniken können die Himmelsforscher mittlerweile aber auch kleinere, nicht gasförmige Planeten aufspüren, deren Beschaffenheit die Entstehung von Leben durchaus begünstigen könnte. Gleich acht solcher fernen Welten haben Wissenschaftler vom Harvard-Smithsonian-Zentrum für Astrophysik mit dem Weltraumteleskop Kepler aufgespürt.

3 „Die meisten dieser Planeten haben eine gute Chance, Gesteinsplaneten zu sein wie die Erde", so der Hauptautor der Studie, Guillermo Torres, der die Funde auf dem Jahrestreffen der American Astronomical Society[3] in Seattle vorstellte. Zwei der Neuentdeckungen, die Exoplaneten Kepler 438 b und Kepler 442 b, könnten unserer Erde sogar so ähnlich sein wie kein anderer bisher entdeckter Planet.

4 Beide Welten umkreisen sogenannte Rote Zwerge – eine Sternfamilie, deren Mitglieder deutlich kleiner, aber auch langlebiger sind als unsere Sonne. Der Abstand beider Planeten zu ihrem jeweiligen Zentralgestirn[4] ist offenbar groß genug, damit etwa auf ihnen vorhandenes Wasser nicht unter der stellaren[5] Einwirkung verdampft, aber auch nicht so groß, als dass die Kälte des Alls die Planeten zu Eiswelten erstarren ließe.

5 „Habitable[6] Zone" nennen Astronomen diesen Bereich um einen Stern, in dem Wasser in flüssiger Form vorliegen könnte. Dies gilt als wichtigste Voraussetzung für die Entstehung von Leben, wie wir es kennen. […] Leider sind beide Welten so weit von uns entfernt, dass es extrem schwierig ist, sie näher in Augenschein zu nehmen: […] „Wir wissen nicht mit Bestimmtheit, ob einer der Planeten wirklich bewohnbar ist", räumt denn auch David Kipping ein, der Co-Autor der Studie. „Alles, was wir sagen können, ist: Es sind vielversprechende Kandidaten."

[1] der **Exoplanet**: Planet, der nicht zu unserem Sonnensystem gehört
[2] **unwirtlich**: nicht zum Aufenthalt geeignet, ungastlich
[3] **American Astronomical Society [engl.]**: astronomische Gesellschaft in den USA
[4] das **Zentralgestirn**: Zentrum eines Planetensystems
[5] **stellar**: die Sterne betreffend
[6] **habitabel**: bewohnbar

# Aufgaben zum Leseverstehen

4. Schritt:
Nach dem Lesen

**Eine Gruppe von Aufgaben verlangt von dir, dass du das Thema und einzelne Inhalte aus dem Text wiedergibst.**

> **Tipp:** Bei einer **Multiple-Choice-Aufgabe** hast du mehrere Aussagen zur Auswahl. Lies die Aufgabe genau. Beachte, ob nach **einer richtigen Antwort** oder nach **mehreren richtigen Antworten** gefragt wird.

**1** Worum geht es in dem Sachtext? Kreuze die richtige Antwort an.
In dem Text geht es um …

| | | |
|---|---|---|
| a) | die Entdeckung von Gasplaneten, auf denen Leben möglich ist. | ☐ |
| b) | 1000 Exoplaneten, die 1990 entdeckt wurden und auf denen jetzt Leben nachgewiesen wurde. | ☐ |
| c) | Gesteinsplaneten außerhalb unseres Sonnensystems, auf denen es Leben geben könnte. | ☐ |
| d) | die Beobachtung von Lebewesen in fernen Galaxien mit Hilfe des Kepler-Teleskops. | ☐ |

**2** Kreuze die richtigen Antworten an.
Die meisten der entdeckten Exoplaneten stellten sich als lebensfeindlich heraus.
Sie waren …

| | | |
|---|---|---|
| a) | riesige Gasbälle. | ☐ |
| b) | heiß. | ☐ |
| c) | vereist. | ☐ |
| d) | unwirtlich. | ☐ |

> **Tipp:** Bei einer **Richtig-Falsch-Aufgabe** musst du entscheiden, ob bestimmte Aussagen zutreffen oder nicht zutreffen. Achte darauf, bei jeder Aussage ein Kreuz zu machen.

**3** Kreuze an, welche Aussagen zutreffen und welche Aussagen nicht zutreffen.
Warum bieten die beiden neu entdeckten Exoplaneten gute Voraussetzungen für Leben?

| | trifft zu | trifft nicht zu |
|---|---|---|
| a) Eine Gaswolke sorgt für ausreichend Wärme. | ☐ | ☐ |
| b) Sie sind weit genug von ihrer Sonne entfernt, um Wasser zu Eis gefrieren zu lassen. | ☐ | ☐ |
| c) Die Entfernung der Gesteinsplaneten von ihrem Zentralgestirn ist nicht zu groß und nicht zu klein. | ☐ | ☐ |
| d) Wasser könnte auf ihnen in flüssiger Form vorliegen. | ☐ | ☐ |

> **Tipp:** Bei einigen Aufgaben musst du die Antworten selbst formulieren und aufschreiben.

**4** Im Text werden zwei neu entdeckte Exoplaneten genannt, die unserer Erde sehr ähnlich sein könnten. Nenne ihre Namen.

a) ______________________________

b) ______________________________

**In einer weiteren Aufgabengruppe musst du Textstellen oder Aussagen aus dem Text erklären und manchmal auch Schlussfolgerungen ziehen.**

> **Tipp:** In **halboffenen Aufgaben** vervollständigst du einen vorgegebenen Satzanfang oder du formulierst selbstständig eine Antwort auf eine Frage. Die Antworten findest du im Text. Antworte möglichst kurz, jedoch immer in einem vollständigen Satz.

**5** Vervollständige den Satz mit einer Begründung aus dem Text.
Die Entdeckung von Wasser in flüssiger Form auf den Planeten wäre von besonderer Bedeutung, weil …

**6** Gib wieder, warum es schwierig ist, die Planeten näher zu untersuchen.

**7** Erkläre, was mit dem Begriff „habitable Zone" (Absatz 5) im Textzusammenhang gemeint ist.

**In einer Aufgabe musst du zu einer Aussage einer Schülerin oder eines Schülers Stellung nehmen und deine Meinung mit Hilfe des Textes begründen.**

> **Tipp:** Du kannst deine Meinung mit Zitaten aus dem Text belegen.

**8** Eine Schülerin sagt nach dem Lesen des Textes:
*„Meiner Ansicht nach sind solche astronomischen Forschungen überflüssig, denn auf anderen Planeten kann es kein Leben geben."*

Du kannst dieser Aussage zustimmen oder nicht. Wichtig ist, dass du deine Auffassung begründest und dich auf den Sachtext beziehst.

# Training: Leseverstehen

In diesem Kapitel kannst du trainieren, Aufgaben zum Leseverstehen zu lösen.
Den Text liest du mit den Textknacker-Schritten 1 bis 3.

W Wähle aus:
- Du kannst **Teil 1** lesen. Dann bearbeitest du die Aufgaben 1 bis 11.
- Du kannst **Teil 1 und Teil 2** lesen. Dann bearbeitest du die Aufgaben 1 bis 11 und **zusätzlich** die Aufgaben 12 bis 20.

## Die geheimen Gärten der Antarktis

Douglas Fox

Teil 1

**Unter einer 800 Meter dicken Eisschicht finden Forscher Tausende von Mikroorganismen[1]. Neue Einblicke in ein gewaltiges, noch unerforschtes Ökosystem[2].**

*Tiefbohrungen in der Antarktis*

1 Ein kalter Wind fegte über das antarktische Flachland und betäubte Nasen und Ohren der Wissenschaftler. Diese standen an einem dunklen Loch im Eis, aus dem gerade mit einer Winde die letzten Meter eines Seils heraufgezogen wurden. Eisstücke prasselten vom Seil herab. Zwei Arbeiter in steriler[3] Schutzkleidung beugten sich vornüber, um die Ladung aus dem Loch entgegenzunehmen: einen Zylinder von der Länge eines Baseballschlägers, der am Ende des Seils baumelte. Mit einem Hammer schlugen sie das Eis ab und tauten das Gefäß mit einem Föhn an. „Ist er zu?", rief der Arbeiter an der Seilwinde. „Ja", schrie John Priscu, der Spezialist für mikrobielle Ökologie[4] von der Montana State University in Bozeman in den USA. Der Probenzylinder lag schwer in seinen Handschuhen – ein Zeichen dafür, dass er mit Wasser gefüllt und dicht verschlossen seine lange Reise an die Eisoberfläche angetreten hatte. Das Wasser stammte von einem der isoliertesten Gewässer der Erde: dem Lake Whillans, der, unter einer 800 Meter dicken Eisschicht eingeschlossen, gerade einmal 640 Kilometer vom Südpol entfernt liegt.[5] Kaum ein Wort wurde gesprochen, als Priscu den Behälter schulterte und zu dem Metallcontainer schleppte, in dem sich das Team ein kleines Behelfslabor eingerichtet hatte.

[1] die **Mikroorganismen:** einzellige Lebewesen, z. B. Bakterien und Blaualgen
[2] das **Ökosystem:** Alle Lebewesen in einem bestimmen Gebiet stehen miteinander in Beziehung und bilden eine Lebensgemeinschaft. Als Ökosystem bezeichnet man den Lebensraum mit seinen in Wechselwirkung stehenden Lebewesen.
[3] **steril:** frei von Mikroorganismen
[4] die **mikrobielle Ökologie:** Teilgebiet der Mikrobiologie, dessen Ziel es ist, die Rolle der Mikroorganismen in Ökosystemen zu verstehen
[5] Auf der Karte auf Seite 12 kannst du sehen, wo der Lake Whillans liegt.

**2** Das Seewasser, das sie am 28. Januar 2013 geborgen hatten, war die weltweit erste Probe direkt aus einem subglazialen[6] See. Priscu und andere Wissenschaftler wollten schon lange die versteckten Seen und ihre Bewohner erforschen. Doch jedes Anbohren der Eisschicht barg natürlich die Gefahr, das Wasser zu verschmutzen. Jegliche Kontamination[7] hätte nicht nur die Herkunft der aufgefundenen Organismen in Zweifel gezogen, sondern auch von außen fremde Organismen in den See einschleppen können. Priscu und sein Team haben sechs Jahre darauf verwendet, eine sichere Probennahme zu entwickeln. Darüber hinaus mussten sie etliche logistische Herausforderungen meistern, nicht zuletzt um Hunderte Tonnen Equipment[8] zu dem weit entlegenen Ort zu transportieren.

**3** Die Wasseranalysen zeigten, welche Fülle von Lebewesen unter der antarktischen Eisdecke angesiedelt ist. In ihrer „Nature“-Veröffentlichung berichten Priscu und seine Kollegen von 130 000 Zellen in jedem Milliliter Seewasser – das entspricht einer Dichte, wie man sie in den meisten Tiefseegräben der Welt findet. Mit nahezu 4000 Bakterien- und Archaeenarten[9] ist die Lebensgemeinschaft im antarktischen See damit wesentlich komplexer, als man es von diesem völlig abgeschotteten Fleckchen der Erde erwartet hätte. „Ich war wirklich überrascht über die Artenvielfalt in diesem Ökosystem“, erinnert sich Priscu. „Das ist unglaublich.“

**4** Wie die Proben aus dem See zeigen, hat hier das Leben die letzten 120 000 Jahre, wenn nicht sogar 1 Million Jahre, ohne Sonnenenergie überdauert. Die Forscher haben so einen ersten Einblick in das wahrscheinlich größte noch unerforschte Ökosystem der Welt, das sich immerhin über neun Prozent der Landfläche der Erde erstreckt. „Dort unten gibt es ein blühendes Ökosystem“, sagt der Mikrobiologe David Pearce von der Northumbria University in Großbritannien. Er war schon Teil des Teams, das im Jahr 2013 versuchte, in verschiedene subglaziale Schichten des Lake Ellsworth zu bohren, wenn auch ohne Erfolg. „Zum ersten Mal bekommen wir nun Einblick in die Organismenvielfalt unter dem antarktischen Kontinent“, betont er. […]

[6] **subglazial:** unter dem Eis
[7] die **Kontamination:** die Verunreinigung
[8] das **Equipment:** die Ausrüstung
[9] die **Archaeen:** einzellige, bakterienähnliche Organismen

## Aufgaben zum Leseverstehen (Teil 1)

4. Schritt: Nach dem Lesen

## Du gibst das Thema und einzelne Inhalte des Textes wieder.

**1** Worum geht es in dem Sachtext? Kreuze die richtige Antwort an.
In dem Text geht es um …

| | | |
|---|---|---|
| a) | ein Forscherteam, das seit sechs Jahren Eisseen in der Antarktis untersucht. | ☐ |
| b) | den Fund von Lebewesen im Lake Whillans. | ☐ |
| c) | die Erforschung von Mikroorganismen im Eis. | ☐ |
| d) | Wasserproben aus Seen im US-Bundesstaat Montana. | ☐ |

**2** Nummeriere die Zwischenüberschriften in der Reihenfolge des Textes von 1 bis 4.

| | |
|---|---|
| | Blühendes Ökosystem unter dem Eis |
| | Eine Fülle von Lebewesen |
| | Expedition zum Lake Whillans – Wasserproben aus 800 m Tiefe unter dem Eis |
| | Schwierigkeiten bei der Probennahme |

**3** Kreuze die richtige Antwort an.
Das Wasser stammte von einem der isoliertesten Gewässer der Erde: dem Lake Whillans, der …

| | | |
|---|---|---|
| a) | 200 km vom Nordpol entfernt in der Arktis liegt. | ☐ |
| b) | im Städtchen Bozeman in den USA entdeckt wurde. | ☐ |
| c) | 640 km vom Südpol entfernt in der Antarktis liegt. | ☐ |
| d) | in Sibirien unter einer meterdicken Eisschicht entdeckt wurde. | ☐ |

**4** Kreuze die richtigen Antworten an.
Die Wasserproben aus dem Eissee enthielten …

| | | |
|---|---|---|
| a) | zahlreiche blühende Mikroorganismen. | ☐ |
| b) | 130 000 Zellen pro Milliliter Wasser. | ☐ |
| c) | Plankton, das Energie durch Fotosynthese gewinnt. | ☐ |
| d) | annähernd 4000 Bakterien- und Archaeenarten. | ☐ |

**5** Kreuze an, welche Aussagen zutreffen und welche Aussagen nicht zutreffen.

| | trifft zu | trifft nicht zu |
|---|---|---|
| a) Unter dem Eis wurde das vielleicht größte noch nicht erforschte Ökosystem der Welt entdeckt. | ☐ | ☐ |
| b) Das Leben unter dem Eis hat mindestens 120 000 Jahre ohne Sonnenlicht überdauert. | ☐ | ☐ |
| c) Das Leben unter dem Eis existiert seit Millionen von Jahren. | ☐ | ☐ |
| d) Unter dem ewigen Eis ist kein Leben möglich. | ☐ | ☐ |

**Du erklärst einzelne Textstellen oder Aussagen des Textes und ziehst einfache Schlussfolgerungen.**

**6** Vervollständige den Satz.
Mit dem Wort „steril“ (Absatz 1) ist im Textzusammenhang gemeint, dass …

**7** Im Text (Absatz 3) wird ausgeführt, dass die Ergebnisse der Wasseranalysen für die Forscher überraschend waren. Nenne zwei Gründe dafür.

**8** Kreuze die richtige Antwort an.
Das Leben hat unter dem Eis „ohne Sonnenenergie überdauert“ (Absatz 4).
Um die Aussage zu verstehen, muss man wissen, dass …

| | | |
|---|---|---|
| a) | alle Pflanzen und Bakterien ohne Sonnenlicht überleben können. | ☐ |
| b) | Pflanzen und Bakterien normalerweise Sonnenlicht für die Fotosynthese benötigen. | ☐ |
| c) | das Leben auf der Erde durch die Strahlung der Sonne gefährdet ist. | ☐ |
| d) | Mikroorganismen nie ohne Sonnenlicht existieren können. | ☐ |

**9** Vervollständige den Satz.
Gleich der erste Absatz des Artikels beginnt mit einer Personifikation:
„Ein kalter Wind fegte über das antarktische Flachland und betäubte Nasen und Ohren der Wissenschaftler.“ Mit dieser Personifikation des Windes will der Autor ausdrücken, …

**10** Ist der Ausdruck „blühendes Ökosystem“ wörtlich zu verstehen? Erkläre die Aussage im Textzusammenhang.
„‚Dort unten gibt es ein blühendes Ökosystem‘, sagt der Mikrobiologe David Pearce von der Northumbria University in Großbritannien.“ (Absatz 4)

**Du nimmst zu der Aussage eines Schülers Stellung und begründest deine Meinung mit Hilfe des Textes.**

**11** Ein Schüler sagt nach dem Lesen des Textes:
*„Solche Forschungen wie in der Antarktis finde ich wichtig, damit man sieht, unter welchen unwirtlichen Bedingungen Leben noch möglich ist.“*

Du kannst dieser Aussage zustimmen oder nicht. Wichtig ist, dass du deine Auffassung begründest und dich auf den Sachtext beziehst.

**Hast du dich für Teil 1 und Teil 2 entschieden? Dann liest du nun Teil 2 des Textes.**

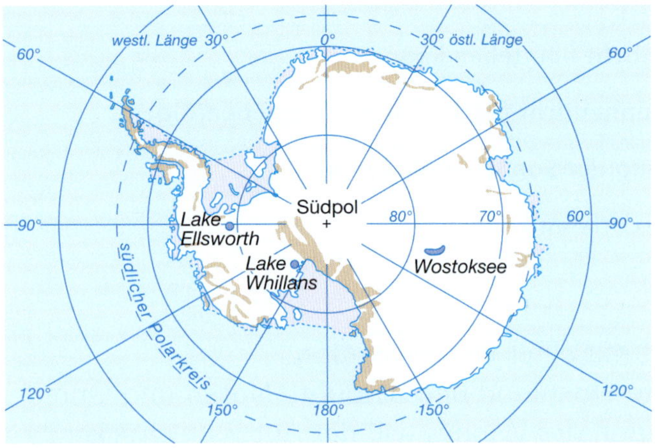


*Die Antarktis*

## Teil 2

**5** […] Noch bis in die 1990er-Jahre interessierten sich nur wenige für Seen unter der antarktischen Eisdecke. Dies änderte sich erst dann, als Radarmessungen und seismische Kartierungsarbeiten erste ernst zu nehmende Hinweise auf subglaziale Seen erbrachten. Inzwischen kennt man etwa 400 davon. Sie werden von dem Wasser gespeist, das mit einer Geschwindigkeit von ein paar Millimetern pro Jahr am Grund der Eisdecke abschmilzt. Der Grund für diesen Schmelzvorgang ist die Umgebungswärme aus dem Erdinneren.

**6** Lake Whillans ist einzigartig auf der Welt. Das Gewicht des Eises drückt das subglaziale Wasser so nach oben, dass der See auf der schrägen Seite eines Berges sitzt. Dabei bildet sich eine dünne Wasserschicht von zwei Metern Tiefe mit einer Ausdehnung von fast 60 Quadratkilometern. Das Wasser wird mit niedrigem Druck in einer Tasche festgehalten, die dadurch entsteht, dass Wasser über den Berg sickert und die Eisschicht ausdünnt. […]

**7** Lake Whillans bietet nur eine lokale Momentaufnahme vom Leben unter dem Eis. Mehrere Forscherteams untersuchen andere subglaziale Seen und versuchen so, das Bild zu komplettieren. Ein russisches Team analysiert Wasser aus dem Wostoksee, einem See in einer tiefen tektonischen Spalte in der östlichen Antarktis, der von einer 3,7 Kilometer dicken Eisschicht bedeckt wird. Nach Ansicht der Wissenschaftler ist die Analyse dieser Proben schwierig, weil das Wasser bereits ein Jahr gefroren auf dem Boden des Bohrlochs gelegen hatte, ehe es an die Oberfläche gebracht wurde. Außerdem sei es während des Transfers nach oben in Kontakt mit der Kerosinbohrflüssigkeit im Bohrloch gekommen.

**8** Im Jahr 2013 versuchten Pearce und seine Kollegen, den näher an Lake Whillans gelegenen Lake Ellsworth anzubohren. Dieser befindet sich unter 3,4 Kilometer dickem Eis in einem Gletscherfjord. Nach Schwierigkeiten mit der Steuerung des Bohrers mussten sie das Projekt jedoch abbrechen.

**9** Mit seiner dünneren Eisdecke war der Lake Whillans einfacher zu erreichen als Lake Ellsworth oder der Wostoksee. Aber auch er gab seine Geheimnisse nicht ohne Widerstand preis. Am Tag nach der ersten Probennahme wurde eine Kamera in das Bohrloch hinabgelassen. Als sie sich dem See näherte, bot sich eine faszinierende Szenerie: Irisierende[10] Eisflocken stieben nach oben und bildeten ein umgedrehtes Schneegestöber. Das war ein untrügliches Zeichen dafür, dass dieses Bohrloch bereits dabei war, wieder zuzufrieren. Weil die Messinstrumente bald an den Seitenwänden des enger werdenden Loches hängen blieben, musste heißes Wasser eingepumpt werden, um die Öffnung wieder zu vergrößern. Dieses Tauziehen dauerte vier Tage an. Dann überließen die Forscher das Bohrloch seinem unabwendbaren Schicksal und flogen die in harter Arbeit gewonnenen Proben nach Hause.

[10] **irisierend:** in Regenbogenfarben schillernd

### Aufgaben zum Leseverstehen (Teil 2)

**12** Nummeriere die Zwischenüberschriften in der Reihenfolge des Textes von 5 bis 9.

| | |
|---|---|
| | Der Wostoksee – Verunreinigung der Proben |
| | Besonderheiten des Lake Whillans |
| | Lake Ellsworth – Abbruch der Bohrungen |
| | Lake Whillans – Erfolgreiche Probennahme |
| | Forschungsprojekte – Eisseen der Antarktis |

**13** Kreuze an, welche Aussagen zutreffen und welche Aussagen nicht zutreffen.
Was stellt die Grafik im Text auf Seite 12 dar?

| | trifft zu | trifft nicht zu |
|---|---|---|
| a) Die Grafik zeigt die Lage der angebohrten Eisseen in Nordpolnähe. | ☐ | ☐ |
| b) Die Grafik zeigt die Lage der angebohrten Eisseen in Südpolnähe. | ☐ | ☐ |
| c) Die Grafik zeigt, in welchen Seen Leben gefunden wurde. | ☐ | ☐ |
| d) Die Grafik zeigt die Tiefe der angebohrten Eisseen. | ☐ | ☐ |

**14** a. Sieh dir die folgende Tabelle genau an.

| | Wostoksee | Lake Ellsworth | Lake Whillans |
|---|---|---|---|
| Forschungsteam aus | Russland | Großbritannien | USA |
| Lage des Sees unter dem Eis | 3 700 m | 3 400 m | 800 m |
| Fläche des Sees | 14 000 $km^2$ | 29 $km^2$ | 60 $km^2$ |
| Tiefe des Sees | 200–800 m | 150 m | 10–15 m |

b. Ergänze die fehlenden Angaben mit Hilfe der Informationen aus der Tabelle und aus dem Text.

Der Wostoksee liegt ____________, der Lake Ellsworth ____________ unter dem Eis.

Der Lake Whillans hat eine Tiefe von ____________. Er ist mit seiner Lage von

____________ unter der Eisschicht für die Forscher leichter zu erreichen.

**15** Kreuze an, welche Aussagen auf den Text und die Tabelle zutreffen und welche Aussagen nicht zutreffen.

| | trifft zu | trifft nicht zu |
|---|---|---|
| a) Das amerikanische Forschungsteam untersuchte den antarktischen Lake Ellsworth. | ☐ | ☐ |
| b) Der Wostoksee ist der tiefste und mit Abstand größte der drei Seen. | ☐ | ☐ |
| c) Das Team aus Großbritannien wollte eine 3,4 Kilometer tiefe Bohrung im Eis durchführen. | ☐ | ☐ |
| d) Die Forschungsstation am Lake Whillans wird von einem russisch-deutschen Forschungsteam betrieben. | ☐ | ☐ |

**16** Erläutere den Zusammenhang zwischen der Grafik, der Tabelle und dem Text. Welche zusätzlichen Informationen bieten die Grafik und die Tabelle?

**17** Kreuze die richtige Antwort an.
Laut Absatz 5 stammt das Wasser der unterirdischen Seen vom Grund der Eisdecke, denn …

| | | |
|---|---|---|
| a) | durch die Wärme aus dem Erdinneren wird das Eis geschmolzen. | ☐ |
| b) | durch die Klimaerwärmung schmilzt das Eis. | ☐ |
| c) | die antarktischen Sommer sind sehr warm. | ☐ |
| d) | die Fließgeschwindigkeit des Eispanzers erwärmt die Umgebung. | ☐ |

**18** Was macht den Lake Whillans für Bohrungen so geeignet?
Nenne zwei Erklärungen aus Absatz 6.

**19** Kreuze die richtige Antwort an.
Bei der Probennahme aus dem Lake Whillans kam es zu Problemen, weil …

| | | |
|---|---|---|
| a) | der Zylinder verunreinigt war. | ☐ |
| b) | das Bohrloch nach der ersten Probennahme wieder zufror. | ☐ |
| c) | das Forschungsteam durch einen Schneesturm in Gefahr geriet. | ☐ |
| d) | Schwierigkeiten mit der Steuerung des Bohrers auftraten. | ☐ |

**20** Warum war die Analyse der Probe aus dem Wostoksee schwierig?
Nenne zwei Gründe.

# Prüfung: Leseverstehen

**Du liest den Text und bearbeitest die Prüfungsaufgaben zum Leseverstehen selbstständig.**

## Die Rückkehr der Wölfe

Marc Etzold

**In Deutschland leben immer mehr Wölfe. Was für Umweltschützer eine gute Nachricht ist, treibt Jäger und Bauern auf die Barrikaden. Sie streiten über den richtigen Umgang mit dem Rückkehrer.**

1 **Düsseldorf.** Ein Waldstück in der Nähe von Celle. Ein Jäger sitzt in seinem Hochstand. Er richtet sein Gewehr aus, schießt und trifft. Als der Jäger das Reh inspizieren möchte, bemerkt er etwas hinter sich. Er dreht sich um, wenige Meter entfernt steht ein Wolf. Auch er hat es auf das Reh abgesehen. Der Jäger geht auf Nummer sicher, verlässt den Ort und überlässt das Reh dem Wolf.
Immer häufiger kommt es mittlerweile zu Begegnungen zwischen Mensch und Wolf. Nach 100 Jahren Abwesenheit ist Canis lupus[1] nach Deutschland zurückgekehrt. Vor 14 Jahren wurden die ersten Wölfe hierzulande in der Lausitz[2] heimisch. Heute leben laut Bundesumweltministerium 25 Wolfsrudel und -paare sowie vier ortstreue Einzeltiere in Brandenburg, Sachsen, Sachsen-Anhalt, Mecklenburg-Vorpommern und Niedersachsen – insgesamt bis zu 300 Tiere. Vereinzelt wurden Wölfe auch schon in Bayern, Thüringen und Rheinland-Pfalz gesichtet.
In Niedersachsen gab es die ersten Wolfkontakte vor etwa fünf Jahren. Mittlerweile leben drei Rudel in dem Flächenland, genauer gesagt auf dem Truppenübungsplatz Munster-Nord, im Wendland und in Bergen im Landkreis Celle. Hinzu kommt ein Einzelgänger im Raum Cuxhaven.

2 „Viele Schäfer sind auf die Wölfe nicht vorbereitet", sagt Thomas Sporn, Kreisjägermeister für Hannover. Jäger würden zudem unter finanziellen Einbußen leiden, weil sie ihre Jagdpläne nicht mehr erfüllen könnten.
Dieses Argument lässt Harald Martens vom Bundesamt für Naturschutz nicht gelten. „Das Wild gehört den Jägern nicht", sagt der Wolfsexperte. Ohnehin gebe es in Deutschland zu viel Wild. Der Wolf sei eine gute Ergänzung zur Arbeit der Jäger.
Alarmiert sind auch die Vermieter von Ferienhäusern: Aus Angst vor Wölfen bestellen immer mehr Leute ihre Ferienhäuser wieder ab, sagen sie und fürchten dauerhafte Einnahmeverluste. Eine Gefährdung für den Menschen erkennt das Bundesamt für Naturschutz derzeit aber nicht – ebenso wie der Deutsche Jagdverband. Dies hängt auch damit zusammen, dass der Wolf als möglicher Überträger der Tollwut[3] ausfällt – seit 2008 gilt Deutschland als tollwutfrei.

3 **Streitfrage: Gehört der Wolf ins Jagdgesetz?**
Die Politik ist sich der Probleme durch den Wolf bewusst: „In allen Regionen Deutschlands, die der Wolf neu besiedelt, wird dessen Erscheinen in der Regel kontrovers[4] diskutiert", heißt es in einer Antwort des Bundesumweltministeriums auf die Anfrage eines Bundestagsabgeordneten aus Sachsen vom Oktober 2013. Der Wolf wird in Europa streng geschützt, natürliche Feinde hat er keine mehr – viele Menschen fürchten, die Raubtiere könnten sich unter diesen Bedingungen massenhaft vermehren und zur Gefahr werden. Dem wolle man entgegenarbeiten und die Akzeptanz für den Wolf durch „Informations- und Aufklärungsarbeit" fördern, heißt es aus dem Umweltministerium.

[1] **Canis lupus [lat.]:** der Wolf
[2] **die Lausitz:** eine Region im deutsch-polnischen Grenzgebiet
[3] **die Tollwut:** Virusinfektion, die bei Tieren und Menschen eine tödliche Gehirnentzündung verursacht
[4] **kontrovers:** hier: mit unterschiedlichen Standpunkten

**4** Bauern und Viehbesitzer könnten beispielsweise darin geschult werden, wie sie ihre Schafe und Ziegen besser schützen können, sagt Harald Martens vom Bundesamt für Naturschutz. Elektrozäune oder Ställe seien eine gute Möglichkeit, den Wolf fernzuhalten. Ob das ausreicht, bezweifelt Kreisjägermeister Sporn allerdings. Es sei gut, dass es den Wolf in Deutschland wieder gibt. Aber er dürfe sich nur in Maßen ausbreiten. Sein Credo[5] lautet daher: „Der Wolf gehört ins Jagdgesetz."

**5** Solche Forderungen hält das Bundesamt für Naturschutz für Populismus. „Der Wolf ist eine streng geschützte Tierart und darf nicht geschossen werden", sagt Martens. Im Notfall gebe es schon heute die Möglichkeit, einen Wolf zu schießen, falls dieser gefährlich oder außer Kontrolle ist.
„Die Erhaltungssituation in Deutschland ist unzureichend." Im Klartext: Aus Sicht der Naturschützer gibt es derzeit zu wenige Wölfe in Deutschland. „In ganz Deutschland wäre Platz für 450 Rudel", sagt Martens. Das heißt, dass Tausende Wölfe in Deutschland leben könnten. „Das liegt aber weit über dem, was realistisch ist", meint auch der Naturschützer im Hinblick auf die Akzeptanz der Bevölkerung.
Der Wolf, er schürt eben auch heute noch Ängste.

**6** Dass Wölfe nicht von allen gern gesehen sind, zeigt der Fund eines getöteten Welpen Mitte Dezember in der Lausitz. Unbekannte hatten das Tier mit Schrot geschossen und den Kadaver auf einer Wiese liegen lassen. Tierschützer setzten 10 000 Euro Belohnung zur Ergreifung der Täter aus.
Das Beispiel belegt, dass eher der Wolf den Menschen fürchten muss als umgekehrt. Noch immer gilt Canis lupus als gefährdete Art. Alle EU-Mitgliedstaaten haben sich deshalb in der europäischen Artenschutzverordnung und in der sogenannten FFH-Richtlinie[6] darauf verständigt, den Wolf im besonderen Maße zu schützen.
Der Wolf genieße denselben „Schutzstatus wie der Elefant oder Panda", sagt Naturschützer Martens. Einen Wolf zu schießen sei kein Kavaliersdelikt[7] und könne deshalb zu Recht auch mit Gefängnis bestraft werden. Er hat den Verdacht, heute würden bereits Wölfe in großer Zahl illegal geschossen.

**7** **„Entweder wird der Wolf geliebt oder gehasst."**
Den Jägern gehe es keinesfalls darum, den Wolf auszurotten, sagt hingegen Kreisjägermeister Sporn – wie einst vor 150 Jahren. „Jäger sind auch Naturschützer." Der Wolf jage nicht nach dem Tierschutzrecht. „Entweder wir jagen zivil und ethisch wie die Jäger oder eben unkontrolliert wie der Wolf."
Eine einheitliche Position haben die Jäger in Deutschland noch nicht gefunden. „In den nächsten fünf Jahren sollten wir uns aber gemeinsam Gedanken über die Schutzstellung des Wolfes machen", sagt Armin Winter vom Deutschen Jagdverband. Im März will der Jagdverband gemeinsam mit Vertretern der Politik und mit Naturschützern diskutieren, wie man künftig mit dem Wolf umgehen soll. „Entweder wird der Wolf geliebt oder gehasst." In jedem Fall brauche es aber klare Regeln.

*(Artikel aus dem Handelsblatt vom 12.01.2014)*

[5] das **Credo:** hier: seine Überzeugung
[6] die **FFH-Richtlinie:** FFH: Fauna (Tiere), Flora (Pflanzen), Habitat (Lebensraum). Die Fauna-Flora-Habitat-Richtlinie ist eine Naturschutzrichtlinie der Europäischen Union. Ihr Ziel ist es, wild lebende Tiere und Pflanzen und deren natürliche Lebensräume zu erhalten.
[7] das **Kavaliersdelikt:** eine Ordnungswidrigkeit oder Straftat, die von der Allgemeinheit als geringfügig akzeptiert wird

# Aufgaben zum Leseverstehen

**1** Kreuze die richtige Antwort an.
Welcher Satz bezeichnet das Thema des Textes am genauesten?

| | | |
|---|---|---|
| a) | In dem Text geht es um die unterschiedlichen Ansichten von Jägern und Naturschützern zu den in Deutschland lebenden Wölfen. | ☐ |
| b) | In dem Text geht es um eine Begegnung zwischen Mensch und Wolf in der Lausitz. | ☐ |
| c) | In dem Text geht es um die Ausbreitung der Wölfe in Europa und die unterschiedlichen Ansichten der Menschen dazu. | ☐ |
| d) | In dem Text geht es um die uralte Angst der Menschen vor Wölfen. | ☐ |

**2** Kreuze die richtigen Antworten an.
In welchen Bundesländern wurde der Wolf bisher gesichtet?

- a) Bayern ☐
- b) Brandenburg ☐
- c) Hessen ☐
- d) Mecklenburg-Vorpommern ☐
- e) Niedersachsen ☐
- f) Nordrhein-Westfalen ☐
- g) Rheinland-Pfalz ☐
- h) Saarland ☐
- i) Sachsen ☐
- j) Sachsen-Anhalt ☐
- k) Schleswig-Holstein ☐
- l) Thüringen ☐

**3** Ergänze die fehlenden Angaben mit Hilfe der Informationen aus dem Text (Absätze 1 und 5).

Der Wolf ist nach ________ Jahren Abwesenheit wieder nach Deutschland zurückgekehrt. Vor ________ Jahren haben sich die ersten Wölfe in der Lausitz angesiedelt. Heute leben bis zu ________ Wölfe in ganz Deutschland. Naturschützer sind der Ansicht, dass in Deutschland Platz für ________ Wolfsrudel wäre.

**4** Welche Personengruppen reagieren kritisch oder ablehnend auf die Ausbreitung der Wölfe? Nenne drei Gruppen.

a) ________________________________________

b) ________________________________________

c) ________________________________________

**5** Kreuze die richtige Antwort an.
Welche Schwierigkeiten können Jäger laut Absatz 2 durch die Wölfe haben?

| | | |
|---|---|---|
| a) | Jäger können ihre Jagdpläne nicht erfüllen und haben dadurch finanzielle Verluste. | ☐ |
| b) | Jäger haben Angst vor aggressiven Wölfen. | ☐ |
| c) | Jäger haben keine Probleme mit den Wölfen. | ☐ |
| d) | Das Wild kann sich durch die Wölfe mit Tollwut anstecken. | ☐ |

**6** Kreuze die richtige Antwort an.
„Der Wolf sei eine gute Ergänzung zur Arbeit der Jäger.“ (Absatz 2)
Um die Aussage zu verstehen, muss man wissen, dass …

| | | |
|---|---|---|
| a) | **Wölfe in der Regel nur kranke und alte Tiere reißen.** | ☐ |
| b) | **die geringe Anzahl von Wölfen dem Wild nicht gefährlich werden kann.** | ☐ |
| c) | **Wölfe ausschließlich Aas, also tote Tiere, fressen.** | ☐ |
| d) | **Wölfe zusammen mit den Jägern auf Jagd gehen können.** | ☐ |

**7** Kreuze an, welche Aussagen über den Wolf laut Absatz 2 und 3 zutreffen und welche Aussagen nicht zutreffen.

| | trifft zu | trifft nicht zu |
|---|---|---|
| a) Die Wölfe in Deutschland sind frei von Tollwuterregern. | ☐ | ☐ |
| b) Der Wolf ist eine weltweit streng geschützte Art. | ☐ | ☐ |
| c) Der Wolf hat keine natürlichen Feinde. | ☐ | ☐ |
| d) Viele Menschen haben Angst davor, dass der Wolf sich stark vermehren und gefährlich werden könnte. | ☐ | ☐ |

**8** Was können Bauern und Viehbesitzer laut Harald Martens tun, um ihre Tiere vor Wölfen zu schützen? Schreibe einen Satz auf.

**9** Kreuze an, welche Aussagen zutreffen und welche Aussagen nicht zutreffen.
Welche Ansichten werden vom Bundesamt für Naturschutz vertreten?

| | trifft zu | trifft nicht zu |
|---|---|---|
| a) In Deutschland leben inzwischen wieder genug Wölfe, um ihre Art zu erhalten. | ☐ | ☐ |
| b) In Deutschland leben noch zu wenige Wölfe, um ihre Art auf Dauer zu erhalten. | ☐ | ☐ |
| c) Da der Wolf eine streng geschützte Tierart ist, darf er nicht geschossen werden. | ☐ | ☐ |
| d) Durch Aufklärungsarbeit akzeptiert die Bevölkerung inzwischen, dass Wölfe wieder in Deutschland heimisch sind. | ☐ | ☐ |

**10** Warum muss der Wolf eher den Menschen fürchten als umgekehrt?
Nenne ein Beispiel aus dem Text.

**11** Erkläre, was mit der Aussage „Einen Wolf zu schießen sei kein Kavaliersdelikt …" (Absatz 6) im Textzusammenhang gemeint ist.

**12** Ein Schüler sagt nach dem Lesen des Textes:
*„Jäger töten Tiere, also sind sie keine Naturschützer. Sie wollen die Wölfe abschießen."*

Du kannst dieser Aussage zustimmen oder nicht. Wichtig ist, dass du deine Auffassung begründest und dich auf den Text beziehst.

Z **13** a. Sieh dir die Grafik genau an.

**Der Wolf kehrt zurück. Was wünschen Sie sich von Behörden und Institutionen?**

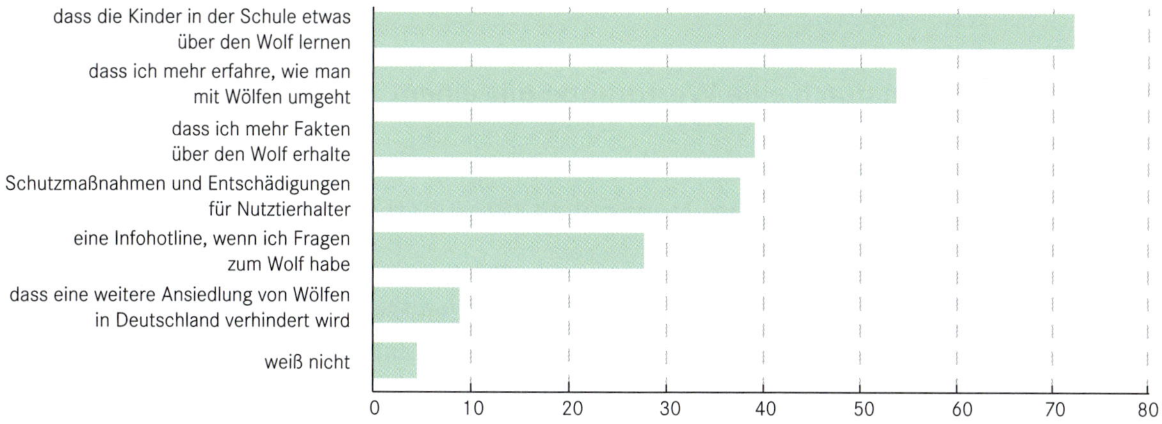


Quelle: WWF, Umfrage von Januar 2014 unter 1030 Befragten, Mehrfachnennungen möglich, Angaben in Prozent

b. Erläutere den Zusammenhang zwischen der Grafik und dem Text. Welche zusätzlichen Informationen bietet die Grafik?

# Nominalstil verstehen

**Sachtexte sind häufig im Nominalstil verfasst. Du kannst einzelne Sätze umformulieren. Dann verstehst du sie besser.**

## Folgen der Erderwärmung

Seit Beginn der Industrialisierung Mitte des 18. Jahrhunderts steigt die Durchschnittstemperatur auf der Erde an. Die Folgen sind heute nicht mehr zu übersehen. Bei Fortschreiten der globalen Erwärmung muss mit einem Anstieg des Meeresspiegels gerechnet werden. Vor allem kleine Inselstaaten wie Tuvalu sind besorgt. Nach Auswertung von Satellitenfotos kann aber für den Moment Entwarnung gegeben werden. Der Verlust von Landmasse wurde durch die Anspülung von Sand ausgeglichen. Da die Inseln aber nur wenige Meter über dem Meeresspiegel liegen, bleibt die Sorge der Einwohner groß.

**1** Im Text ist ein Satz hervorgehoben.
a. Schreibe den Satz auf die Schreiblinien.
b. Vergleiche ihn dann mit dem folgenden Satz. Markiere die Unterschiede.

Wenn die globale Erwärmung fortschreitet, muss damit gerechnet werden, dass der Meeresspiegel ansteigt.

**Sachverhalte können durch eine Wortgruppe mit einem Nomen ausgedrückt werden. Das nennt man Nominalstil.**

**2** a. Welcher der beiden Sätze ist im Nominalstil formuliert? Kreuze an.
b. Markiere die nominale Wortgruppe.

- ☐ Nachdem Satellitenfotos ausgewertet wurden, kann für den Moment Entwarnung gegeben werden.
- ☐ Nach Auswertung von Satellitenfotos kann für den Moment Entwarnung gegeben werden.

**Wenn du die Sätze umformulierst, verstehst du sie besser.**

**3** Formuliere die folgenden Sätze um. Löse den Nominalstil auf.
**Tipp:** Markiere zuerst die nominalen Wortgruppen.

Der Verlust von Landmasse wurde durch die Anspülung von Sand ausgeglichen.
Wegen der Lage der Inseln knapp über dem Meeresspiegel sind sie stark bedroht.

*Der Verlust von Landmasse wurde dadurch ausgeglichen, dass*

# Einen informierenden Text schreiben

Der Klimawandel ist ein Thema, das alle angeht.
In diesem Kapitel übst du, einen informierenden Text dazu zu verfassen.
Als Grundlage dienen dir verschiedene Materialien.

Deine Klasse plant eine Ausstellung zum Thema „Klimawandel“.
Die Ausstellung richtet sich an alle Schüler und Lehrer eurer Schule.
Du bist gebeten worden, einen Artikel für die Wandzeitung zu verfassen.

**Aufgabe:** Schreibe einen informierenden Text zum Thema „Der Klimawandel und seine Folgen“.
**Wähle aus:**
- Du kannst als Grundlage für deinen Text die Materialien M1 bis M4 verwenden.
- Du kannst als Grundlage für deinen Text die Materialien M1 bis M5 verwenden.

Schreibe nicht einfach aus den Materialien ab, sondern achte auf eine eigenständige Darstellung in einem zusammenhängenden Text.
Gehe dabei so vor:

A Schreibe eine Einleitung, in der du den Begriff „Klimawandel“ erklärst.
B Erläutere an Beispielen, welche Auswirkungen der Klimawandel weltweit haben könnte.
C Schlussfolgere anhand der Materialien und eigener Überlegungen, wie die Folgen des Klimawandels begrenzt werden können.
D Formuliere für deinen Text eine passende Überschrift.
E Notiere unter deinem Text die von dir genutzten Materialien (Quellen).

**1** a. Lies die Aufgabenstellung genau.
b. Was gehört alles zur Lösung der Aufgabe? Beantworte die Leitfragen in Stichworten.

→ Der Aufgabenknacker: Seite 84

**Leitfragen:**
Was sollst du tun?
Wofür und für wen sollst du schreiben?
Worüber sollst du schreiben?
Auf welcher Grundlage sollst du schreiben?

**2** Lies die von dir ausgewählten Materialien mit Hilfe der Textknacker-Schritte 1 bis 3.

1. Vor dem Lesen
2. Das erste Lesen
3. Den Text genau lesen

## M1 Die Zeit läuft davon – es wird heiß!

1 Schlechte Zeiten für den Treibhauseffekt, für alle Missstände auf dieser Welt macht man ihn verantwortlich. Aber dieses natürliche Phänomen macht Leben auf unserem Planeten erst möglich. Ohne den Treibhauseffekt betrüge die Durchschnittstemperatur –19 Grad Celsius, an Leben wäre nicht zu denken. Im Prinzip wird ein Teil der von der Sonne auf die Erde ausgestrahlten Wärme von den Treibhausgasen neutralisiert, sie agieren wie der Deckel eines Kochtopfs. Diesem Phänomen ist zu verdanken, dass die Bilanz zwischen der von der Erde aufgenommenen und der von ihr abgegebenen Wärme ausgeglichen ist. Das heißt: Die Durchschnittstemperatur auf unserem Blauen Planeten bleibt weitgehend konstant.

2 Auch eine andere Behauptung gehört auf den Prüfstand: Sie besagt, dass das wichtigste Treibhausgas nicht das Kohlendioxid ($CO_2$), sondern der Wasserdampf sei. $CO_2$ bildet zwölf Prozent der Treibhausgase. 60 Prozent der Treibhausgase in der Atmosphäre bestehen aus Wasserdampf, er ist ursächlich für 90 Prozent des Treibhauseffekts. Im Normalfall ist die Menge von Wasserdampf in der Atmosphäre konstant, aber ein durch den erhöhten $CO_2$-Ausstoß bedingter Anstieg der Temperatur verstärkt den Prozess der Verdunstung, die Konzentration des Wasserdampfs erhöht sich. In diesem Teufelskreis stecken wir: Je höher die Temperatur ansteigt, desto intensiver der durch Wolken ausgelöste Treibhauseffekt.

3 Obwohl Kohlendioxid nur zwölf Prozent des Treibhauseffekts ausmacht, wird in der Erhöhung des $CO_2$-Ausstoßes in die Atmosphäre der wichtigste Grund für die Klimaerwärmung gesehen. Heute werden in der Atmosphäre 385 ppm (Teilchen pro Millionen Luftteilchen) $CO_2$ gemessen, vor dem Beginn der Industrialisierung lag dieser Wert bei etwa 280 ppm. Nach Angaben des Weltklimarates IPCC (Intergovernmental Panel on Climate Change) hat sich die Temperatur an der Erdoberfläche im Laufe des 20. Jahrhunderts um 0,74 Grad Celsius erhöht.

4 Es ist schwierig, konkrete Angaben über das Ausmaß der Erderwärmung in den kommenden Jahren zu machen. Denn viel zu zahlreich sind die variablen Klimafaktoren, die mit den Aktivitäten der Menschen, der demografischen Entwicklung[1], dem Fortschreiten der Entwaldung und der völligen oder partiellen Eisschmelze an den Polkappen in Zusammenhang stehen. Experten des Weltklimarates haben etwa 40 verschiedene Szenarien durchgespielt, sie kommen danach zu folgendem Resultat: Nimmt man den Mittelwert aller vorliegenden Daten, wird die Erderwärmung bis zum Jahr 2100 um 2,6 Grad Celsius ansteigen. Die optimistischste Schätzung geht von einer Erhöhung von nur 1,1 Grad Celsius aus, eine sehr alarmierende Prognose liegt indessen bei 6,6 Grad Celsius.

[1] **die demografische Entwicklung:** die Entwicklung der Bevölkerungszahlen

## M2 Die $CO_2$-Konzentration in der Atmosphäre

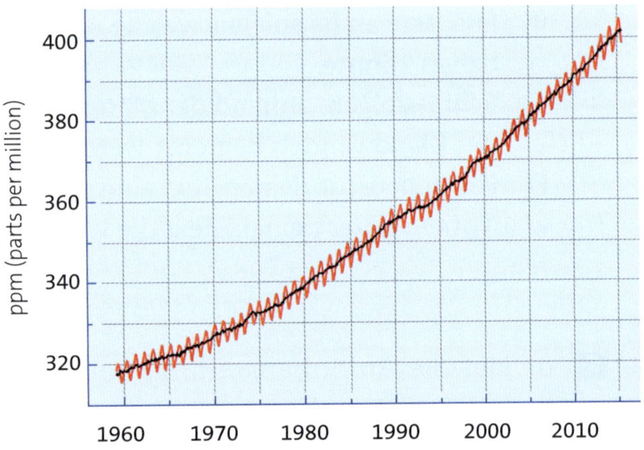


*Quelle: NOAA Earth System Research Laboratory*

Die schwarze Kurve zeigt den Jahresdurchschnitt der $CO_2$-Konzentration, die rote Kurve zeigt die durchschnittliche monatliche Konzentration. Die Messungen stammen von der Forschungsstation am Mauna Loa auf Hawaii.

## M3 Interview mit dem Klimaforscher Mojib Latif[1]

***WWF*[2]*:** Die Zusammenhänge des Klimas sind sehr komplex. Wie erklären Sie einem sechsjährigen Kind den Klimawandel?*

**Mojib Latif:** Unsere Lufthülle ist wie eine Decke, die uns wärmt. Das nennen wir den Treibhauseffekt. Wenn wir nun durch unsere Aktivitäten, wie zum Beispiel durch Verbrennen von Kohle, immer mehr Klimagase in die Atmosphäre entlassen, dann wird die Decke immer dicker. Somit wird es immer wärmer. Das hat weitreichende Konsequenzen, wie eben mehr Wetterextreme oder den Anstieg des Meeresspiegels.

***WWF:** Ist der Klimawandel noch aufzuhalten?*

**Mojib Latif:** Er ist in gewissen Grenzen noch aufzuhalten.

***WWF:** Was bedeutet das konkret?*

**Mojib Latif:** Wenn man Realist ist, wird sich die Erde bis zum Ende des Jahrhunderts um mindestens zwei Grad erwärmen. Alles, was darüber hinausgeht, können wir noch vermeiden. Der Meeresspiegel wird vermutlich um einen halben Meter ansteigen oder, wenn es richtig schlimm kommt, sogar um einen Meter.

***WWF:** Diese zwei Grad Erwärmung sind sehr abstrakt. Was bedeutet das für uns Menschen konkret?*

**Mojib Latif:** Zwei Grad Erderwärmung heißt, dass wir hier ein Klima hätten, das wir seit vielen, vielen Tausenden von Jahren nicht mehr gehabt haben. Im Klartext bedeutet es, dass viele Menschen ihre Heimat verlieren könnten, insbesondere die Menschen auf den tropischen Inseln im Pazifischen und Indischen Ozean. Denn dort reicht schon ein Meeresspiegelanstieg von einigen Dezimetern, um diese Inseln zu überfluten.

***WWF:** Auf welcher Basis können Sie solche langfristigen Klimaprognosen treffen?*

**Mojib Latif:** Es gibt natürlich Messungen, anhand derer wir sehen, dass es deutlich wärmer geworden ist: weltweit ungefähr 0,7 Grad seit hundert Jahren und in Deutschland schätzungsweise ein Grad. Auf der anderen Seite gibt es Klimamodelle, die wir mit Hilfe von gigantischen Computersystemen errechnen können, und so haben wir ein Abbild der Erde vor uns. Mit den Modellen können wir verschiedene Zukunftsszenarien durchgehen.

***WWF:** Und was genau bedeutet ein Grad für Deutschland?*

**Mojib Latif:** Für Deutschland bedeutet das konkret, dass sich die Vegetationsperiode[3] schon um zwei Wochen verlängert hat. Die kalten Winter sind immer seltener geworden, sie fangen im Schnitt später an und hören früher auf.

***WWF:** Warum sollte Deutschland sich für den Klimaschutz einsetzen, wenn etwa China und die USA immer wieder die Klimaverhandlungen blockieren und weitermachen wie bisher? Sind wir nicht, weltweit gesehen, viel zu unbedeutend?*

**Mojib Latif:** Wir müssen zeigen, dass es möglich ist, des Klimawandels mit Hilfe der sauberen Energien Herr zu werden. Denn das Klimaproblem ist letzten Endes ein Energieproblem – und mit sauberer Energie können wir es auch lösen. Deutschland hat weltweit die besten Ingenieure und kann hier einen wichtigen Beitrag leisten. Und wenn wir es hinkriegen, dann werden alle anderen es auch nachmachen. […]

1 **Prof. Dr. Mojib Latif** ist Leiter des Forschungsbereiches Ozeanzirkulation und Klimadynamik am GEOMAR Helmholtz-Zentrum für Ozeanforschung in Kiel.
2 **WWF:** World Wide Fund for Nature, eine Natur- und Umweltschutzorganisation
3 **die Vegetationsperiode:** die Zeit des Jahres, in der Pflanzen wachsen und sich entfalten

## M4 Der Treibhauseffekt

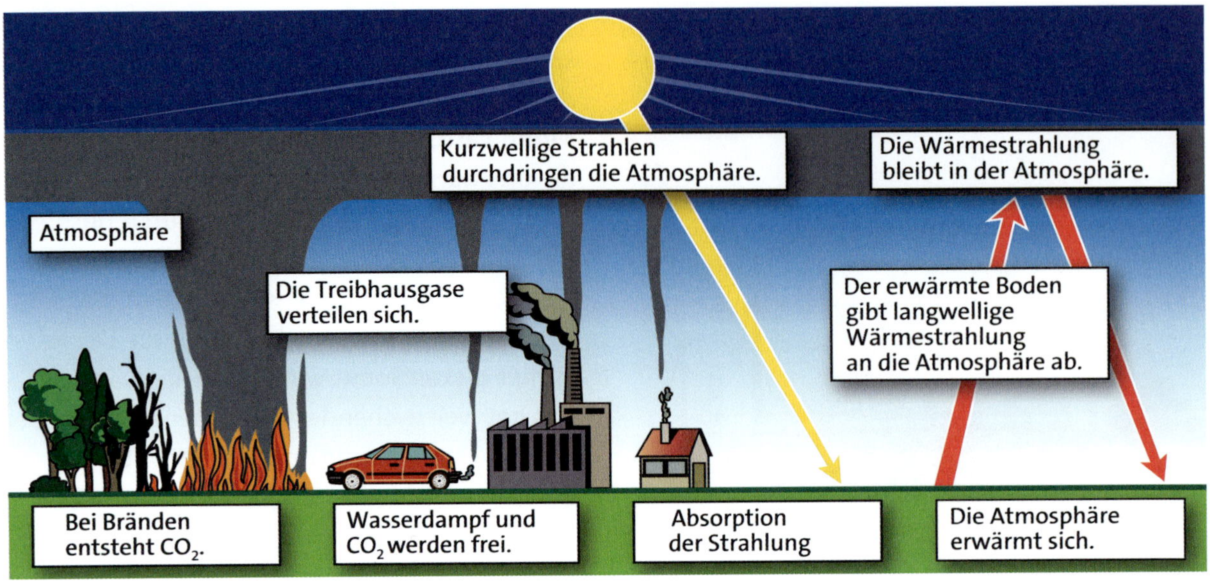


## M5 Der Klimawandel in Deutschland und seine Folgen

1 Ein Anstieg der Temperaturen und die damit verbundenen Auswirkungen werden in den verschiedenen Regionen Deutschlands unterschiedlich stark auftreten. Hier ist besonders ein Nord-Süd-Gefälle zu beobachten. So wird es im Süden zu wärmeren Sommern und Wintern kommen, wohingegen nördliche Regionen nicht so stark von Temperaturunterschieden betroffen sein werden. Stattdessen werden dort vermehrt Stürme und Überflutungen auftreten. Auch die Zunahme der durchschnittlichen Niederschlagsmengen ist in den Wintermonaten bereits beobachtbar. Dagegen nimmt die durchschnittliche Niederschlagsmenge in den Sommermonaten vor allem in Ostdeutschland eher ab. Es können Dürren und Hitzewellen auftreten.

2 Besondere regionale Auswirkungen lassen sich auch für andere Bereiche feststellen. So ist ein Anstieg des Meeresspiegels zu beobachten, der die Küstenregionen bedroht. Im Binnenland dagegen treten Hitzewellen und Überschwemmungen, wie z. B. die Flut im Einzugsbereich der Elbe und der Donau 2002 oder 2013, vermehrt auf. Auch in Städten stellen Unwetter und lang anhaltende Regenfälle neue Anforderungen an die vorhandenen Wasser-Infrastrukturen. Zudem tragen Hitzewellen insbesondere in Städten zu höheren Gesundheitsbelastungen bei, da bebaute Flächen sich tendenziell stärker erwärmen und diese Wärme auch länger speichern. Auf dem Land werden sowohl Unwetter als auch Hitzewellen Ernteerträge gefährden oder den Anbau von bestimmten Produkten verhindern. Die Wasserverfügbarkeit wird sich besonders in den Sommermonaten in einigen Regionen als schwierig gestalten. Auf der anderen Seite bieten höhere Temperaturen die Möglichkeit, neue Sorten zu pflanzen und längere Anbauzeiten zu nutzen. Dadurch kann die Produktivität in der Landwirtschaft gesteigert werden.

3 Auch der Tourismus ist durch den Klimawandel betroffen. Vor allem in den Mittelgebirgen verkürzen sich die Schneetage erheblich; in einigen Regionen wird das Schneeangebot so weit zurückgehen, dass Wintersport dort nicht mehr zu betreiben ist. Dagegen bietet ein wärmerer und längerer Sommer besonders in den Küstenregionen die Chance auf höhere Besucherzahlen und somit höhere Einnahmequellen. […]

# Die Materialien auswerten

**Du arbeitest mit dem Inhalt der Materialien und sammelst Informationen für deinen Text.**

4. Schritt:
Nach dem Lesen

zu M1

**1** Was bewirkt der Treibhauseffekt? Kreuze die richtige Antwort an.

- ☐ Der Treibhauseffekt sorgt für eine Durchschnittstemperatur von –19 Grad Celsius auf der Erde.
- ☐ Der Treibhauseffekt macht Leben auf unserem Planeten erst möglich.
- ☐ Der Treibhauseffekt macht Leben auf unserem Planeten unmöglich.
- ☐ Der Treibhauseffekt ist für die Missstände dieser Welt verantwortlich.

**2** Was wird als wichtigster Grund für die Klimaerwärmung gesehen? Kreuze die richtige Antwort an.

- ☐ der Anstieg des Wasserstoffgehalts in der Luft
- ☐ der Anstieg der Umweltverschmutzung
- ☐ die Erhöhung der Lufttemperatur um 2,6 Grad Celsius
- ☐ der Anstieg der Menge an Wasserdampf durch den erhöhten $CO_2$-Ausstoß

**3** Wie stark hat sich die Temperatur auf der Erde im Laufe des 20. Jahrhunderts erhöht? Schreibe einen Satz auf.

**4** Warum ist es schwierig, das Ausmaß der Klimaerwärmung genau vorherzusagen? Schreibe drei Gründe auf, die im Text genannt werden.

1.
2.
3.

zu M2

**5** Wie stark hat sich die $CO_2$-Konzentration zwischen 1960 und 2010 erhöht? Kreuze die richtige Antwort an.

☐ um ca. 50 ppm ☐ um ca. 75 ppm ☐ um 75 Grad Celsius

zu M3

**6** Welche Folgen hat die Klimaerwärmung? Schreibe drei Folgen auf, die im Interview genannt werden.

1.
2.
3.

zu **M3**

**7** Wodurch könnte laut Mojib Latif das Problem des Klimawandels begrenzt werden?

zu **M4**

**8** Welche Informationen kannst du der Grafik entnehmen? Kreuze die richtige Antwort an.
Die Treibhausgase $CO_2$ und Wasserdampf gelangen …

- ☐ … durch den Menschen und die Natur in die Atmosphäre.
- ☐ … nur durch den Menschen in die Atmosphäre.
- ☐ … nur durch die Natur in die Atmosphäre.
- ☐ … durch die Sonne in die Atmosphäre.

**9** In der Grafik werden die Verursacher der Klimaerwärmung durch Symbole dargestellt.
Schreibe auf, wofür die Symbole stehen.

*Feuer: Brände, Brandrodung* *Auto:*

*Fabrik:*

*Haus:*

zu **M5**

Z **10** Beantworte die folgenden Fragen in Stichworten.

a. Welche Auswirkungen hat der Klimawandel für die Küstenregionen in Deutschland?

b. Welche Auswirkungen ergeben sich für das Binnenland?

c. Welche Folgen können sich für die Landwirtschaft in Deutschland ergeben?

Z **11** Welche Materialien haben für dich den höchsten Informationswert? Begründe.

# Einen zusammenhängenden Text schreiben

**Du verfasst einen informierenden Text für die Wandzeitung deiner Schule. Schreibe in dein Heft.**

→ Einen informierenden Text verfassen: Seite 85

**1** Schreibe die Einleitung für deinen informierenden Text.

Einleitung

- Stelle den Leserinnen und Lesern das Thema vor.
- Erkläre den Begriff Klimawandel.

**Tipp:** Du kannst die Satzanfänge aus dem Kasten verwenden.

> Jeder hat schon einmal davon gehört, dass .... / Wie wird unser Leben in Zukunft aussehen, wenn … / Immer wieder gibt es neue Meldungen über … / Der Klimawandel beeinflusst unser Leben, denn …

**2** Schreibe nun Absatz für Absatz den Hauptteil.

Hauptteil

Bearbeite dazu sorgfältig die Teilaufgaben B und C von Seite 21.
Mit Hilfe dieser Leitfragen kannst du den Hauptteil gliedern:

- Wodurch wird der Klimawandel verursacht?
- Welche Auswirkungen des Klimawandels sind heute schon zu erkennen?
- Welche Auswirkungen sind in den nächsten Jahrzehnten zu erwarten?
- Was könnte man tun, um den Klimawandel zu begrenzen?

**Tipp:** Verwende deine Ergebnisse von den Seiten 25 und 26.

**3** Schreibe den Schluss.

Schluss

Fasse deine Erkenntnisse noch einmal in wenigen Sätzen zusammen.
**Tipp:** Du kannst die Satzanfänge aus dem Kasten verwenden.

> Zusammenfassend lässt sich sagen, dass … / Sicher ist, dass … / Unklar bleibt aber … / Ich habe die Hoffnung, dass … / Vielleicht sollten wir …

**4** Schreibe eine passende Überschrift für deinen Text auf.

**5** Schreibe unter deinen Text, welche Materialien du benutzt hast.

**6** a. Prüfe deinen Text mit Hilfe der Checkliste.
b. Überarbeite deinen Text, wenn es nötig ist.

| *Checkliste: Einen informierenden Text schreiben* | *ja* | *nein* |
|---|---|---|
| *Habe ich in der Einleitung das Thema vorgestellt?* | ☐ | ☐ |
| *Habe ich im Hauptteil einen zusammenhängenden Text formuliert?* | ☐ | ☐ |
| *Habe ich zum Schluss die wichtigsten Informationen zusammengefasst?* | ☐ | ☐ |
| *Habe ich meine eigenen Gedanken zum Thema formuliert?* | ☐ | ☐ |
| *Habe ich die Aufgaben vollständig bearbeitet?* | ☐ | ☐ |
| *Habe ich den Text sachlich und in angemessener Sprache geschrieben?* | ☐ | ☐ |
| *Habe ich die Materialien angegeben, die ich genutzt habe?* | ☐ | ☐ |

# Texte überarbeiten

Du überarbeitest Auszüge aus einem informierenden Text zum Thema „Der Klimawandel und seine Folgen".

**Tipp 1: Gib die Fakten und Fachbegriffe richtig wieder.**

Die Erde wird sich vermutlich weiter erwärmen. Das zumindest besagen die Prognosen des Weltklimarates. Im letzten Jahrhundert ist die Temperatur auf der Erde bereits um 2,6 Grad Celsius angestiegen. Man kann zwar nicht genau sagen, welcher Anteil von Menschen gemacht ist und welcher auf natürlichen Klimaschwankungen beruht. Sicher ist aber, dass es global gesehen immer wärmer wird. Dabei wird die Erhöhung der Kohlenstoffkonzentration in der Luft als wichtige Ursache gesehen. In Deutschland hat der Klimawandel schon jetzt dazu geführt, dass der Winter im Durchschnitt früher anfängt und später aufhört.

**1** Im Textabschnitt sind drei Sätze hervorgehoben.

a. Prüfe anhand der Materialien M1 und M3 auf den Seiten 22 und 23, ob die Fakten und Fachbegriffe richtig wiedergegeben wurden.

b. Schreibe die Sätze mit den richtigen Aussagen und Fachbegriffen auf.

**Tipp 2: Vermeide unnötige Wiederholungen. Verwende treffende Verben.**

In Deutschland wird es unterschiedliche Auswirkungen des Klimawandels geben. Im Süden gibt es dann wärmere Sommer und Winter, im Norden vermehrt Stürme und Überflutungen. Im Osten gibt es in Zukunft wahrscheinlich mehr Dürren und Hitzewellen. An der Nord- und der Ostsee gibt es für die Urlauber allerdings länger schönes Wetter.

**2** Der Textabschnitt enthält mehrere Wiederholungen.

a. Markiere die Wiederholungen.

b. Ersetze einige Formulierungen. Stelle die Sätze um, wenn es nötig ist.
**Tipp:** Du kannst die Wörter vom Rand verwenden.

c. Schreibe den überarbeiteten Text auf.

> erwarten die Forscher
> rechnet man mit
> entstehen
> könnten sich … ereignen

## Tipp 3: Verknüpfe deine Sätze logisch miteinander.

Durch die Erwärmung kommt es zu einem Abschmelzen der Pole. Der Meeresspiegel steigt an. Manche Inseln im Pazifik sind bedroht. Die Menschen dort haben die Weltgemeinschaft schon um Hilfe gebeten. Der Klimawandel wirkt sich auch auf den Tourismus aus. In den Mittelgebirgen Deutschlands wird der Wintersport kaum noch möglich sein.

**3** Der Textabschnitt enthält mehrere unverbundene Hauptsätze.

a. Verbinde die Sätze miteinander, sodass die logische Beziehung zwischen ihnen deutlich wird.
**Tipps:** Du kannst die Wörter vom Rand verwenden.
Manchmal musst du die Sätze umstellen oder Satzgefüge bilden.

b. Schreibe den überarbeiteten Text auf.

> weil, da, sodass, deshalb, denn, beispielsweise

## Tipp 4: Überprüfe die Rechtschreibung und korrigiere die Fehler.

Die große Frage ist, ob die menschheit in der Lage sein wird, den $CO_2$-Ausstoß deutlich zu vermindern. In Deutschland sind einige Maßnahmen schon erfolkreich, wie z. B. die stromerzeugung durch erneuerbare Energien. Kraftwerke, die mit fossilen Brennstoffen betrieben werden, können dann abgeschaltet werden. Bliebe aber alles beim alten, wäre das äußerst gefehrlich für uns alle.

**Achtung: Fehler!**

→ Der Rechtschreib-Check: hintere Umschlagseite

**4** Der Textabschnitt enthält fünf Rechtschreibfehler.

a. Finde die Rechtschreibfehler. Wende dazu die Checkpunkte **3**, **4** und **5** des Rechtschreib-Checks an.

b. Streiche die Fehlerwörter durch.

c. Schreibe den Text fehlerfrei auf.

# Prüfung: Einen informierenden Text schreiben

Die folgende Prüfungsaufgabe bearbeitest du selbstständig.
Du liest verschiedene Materialien mit dem Textknacker und schreibst einen informierenden Text zum Thema „Nanotechnologie".

Die Schülerzeitung deiner Schule plant eine Diskussion zum Thema „Nanotechnologie". Vor der Diskussion sollen die Schülerinnen und Schüler Informationen zum Thema erhalten. Du bist gebeten worden, einen Artikel für die Zeitung zu verfassen.

**Aufgabe:** Schreibe einen informierenden Text zum Thema „Nanotechnologie".
**Wähle aus:**
- Du kannst als Grundlage für deinen Text die Materialien M1 bis M4 verwenden.
- Du kannst als Grundlage für deinen Text die Materialien M1 bis M5 verwenden.

Schreibe nicht einfach aus den Materialien ab, sondern achte auf eine eigenständige Darstellung in einem zusammenhängenden Text.
Gehe dabei so vor:

A Schreibe eine Einleitung, in der du den Begriff „Nanotechnologie" erklärst.
B Stelle deinen Leserinnen und Lesern an Beispielen dar, welche Bedeutung die Nanotechnologie jetzt hat und in naher Zukunft haben könnte.
C Erläutere, welche Probleme die neue Technologie für die Menschen bringen könnte.
D Formuliere für deinen Text eine passende Überschrift.
E Notiere unter deinem Text die von dir genutzten Materialien (Quellen).

## M1 Nanomaterialien in Kosmetika

Seit Juli 2013 müssen alle Kosmetik- und Körperpflegeprodukte, die Nanomaterialien enthalten, gekennzeichnet werden. Das schreibt die neue Kosmetikverordnung vor. Ein positiver Schritt in die richtige Richtung, denn Nanomaterialien werden bereits in zahlreichen Alltagsprodukten eingesetzt. Verbraucherinnen und Verbraucher kommen daher überall mit ihnen in Kontakt. Die Risiken von Nanomaterialien sind noch nicht ausreichend erforscht. Der BUND[1] setzt sich daher für eine allgemeine Kennzeichnungspflicht für Nanoprodukte ein, damit Verbraucherinnen und Verbraucher bewusste Kaufentscheidungen treffen können.

### Nanomaterialien in Kosmetika erkennen

Die Angaben zu den Inhaltsstoffen auf der Verpackung verraten nun, ob Nanomaterialien drin sind oder nicht. Achten Sie auf den Zusatz „Nano" bei den aufgeführten Inhaltsstoffen. Besonders häufig als Nanomaterialien eingesetzt werden Titandioxid und Zinkoxid.

[1] **BUND:** Bund für Umwelt und Naturschutz Deutschland

## M2 Was kann Nanotechnologie?

Volker Thomas

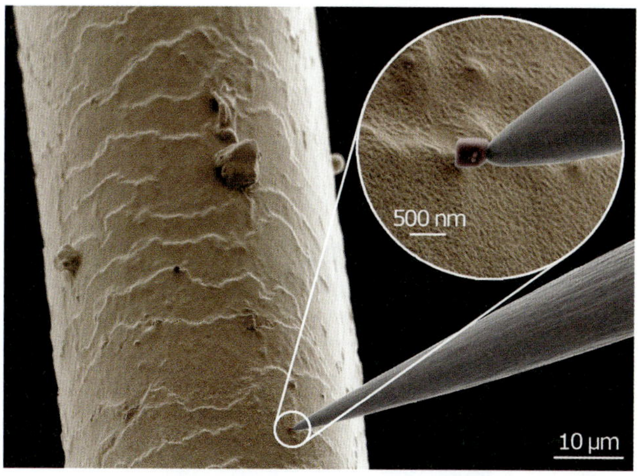


*Vergrößerung eines Nanoteilchens an der Spitze einer Nadel vor dem Hintergrund eines menschlichen Haars. nm = Nanometer, µm = Mikrometer*

1 An der Nanotechnologie kommen Verbraucherinnen und Verbraucher heute kaum noch vorbei. Nanoteilchen stecken in Sonnencreme und Zahnpasta, in Socken und Tabletten, in Wandfarbe und Autolacken. Es handelt sich um Partikeln, die so unvorstellbar winzig sind, dass vielleicht ein Vergleich hilft: Ein Nanoteilchen verhält sich zu einem Quadratmeter wie eine Ein-Cent-Münze zur gesamten Erde. Im Punkt am Ende dieses Satzes – ein zweiter Vergleich – hätten zehn Milliarden Nanoteilchen Platz.

2 Die Teilchen bewirken wahre Wunderdinge. In der Sonnenmilch blockieren sie die schädlichen UV-Strahlen, lassen aber das sichtbare Licht durch. In Socken und Sporthemden vertreiben sie unangenehmen Schweißgeruch. Unsichtbare Nanonoppen auf Spiegeln, Kacheln oder Glasflächen lassen Schmutz und Wasser abperlen. Autoreifen erhalten eine höhere Laufleistung und bessere Straßenhaftung durch Teilchen im Nanoformat. Nanopartikeln helfen auch beim Energiesparen: Sie finden z. B. als Dämmstoff Anwendung, steigern die Wirksamkeit von Solarzellen und werden in Leuchtdioden eingesetzt.

3 Besonders große Erwartungen hat die Nanotechnologie in der Medizin geweckt. Erforscht werden beispielsweise Arzneimittel, die direkt auf Krebszellen zielen, um sie abzutöten. Magnetische oder Gold-Nanoteilchen werden bereits in der Diagnose, z. B. bei der Computertomografie[1], eingesetzt. Noch Zukunftsmusik ist die Vorstellung, dass winzige Nanomotoren Medikamente gezielt an die Stellen im Körper transportieren, wo sie gebraucht werden.

4 Wie funktionieren diese Nanoteilchen? Was macht sie so einzigartig? Im Grunde wirken in der Nanotechnologie viele Wissenschaftszweige zusammen: Physik und Elektronik, Informatik und Chemie, Biologie und Materialforschung. Gemeinsam ist ihnen die Größenordnung, in der sie wirken: die Welt unterhalb von 100 Nanometern (also 100 Milliardstel Meter). Die Forscher haben entdeckt, dass Stoffe neue Eigenschaften entwickeln, wenn sie mit den Teilchen zusammenkommen. So halten beispielsweise Fasern mit Nano-Kohlenstoff extrem starke Zugkräfte aus, sodass sie als leichtgewichtiger Ersatz für Stahl in Frage kommen. Die schon erwähnte Sonnenmilch schützt durch Titandioxid im Nanomaßstab die menschliche Haut vor der UV-Strahlung.

5 Allerdings sollte man auch die möglichen Gefahren nicht außer Acht lassen. Experten warnen davor, dass Nanopartikeln bis tief in die Lunge eindringen und dort Entzündungen auslösen könnten. Aufgrund ihrer geringen Größe seien Nanoteilchen in der Lage, in Körperzellen einzudringen, mit bisher ungeklärten Folgen. Können sie vielleicht auch die Erbinformation im menschlichen Körper schädigen? Ebenso unklar ist, was passiert, wenn die Teilchen unkontrolliert ins Grundwasser entweichen. Auch hier raten Kritiker zur Vorsicht.

[1] die **Computertomografie (CT):** moderne Röntgenuntersuchung, die schichtweise Bilder aus dem Körperinneren liefert

## M3 Anwendungsfelder der Nanotechnologie

## M4 Wie die Deutschen die Nanotechnologie einschätzen

**Unter dem Namen NanoView hat das Bundesinstitut für Risikobewertung (BfR) ein Forschungsprojekt zur Wahrnehmung der Nanotechnologie in der deutschen Bevölkerung und den deutschen Medien abgeschlossen. […]**

Die aktuellen Ergebnisse der vorliegenden repräsentativen Bevölkerungsbefragung zeigen, dass die Nanotechnologie im Allgemeinen den Verbraucherinnen und Verbrauchern heute weniger präsent ist als 2007. Gleichzeitig sind aber konkrete nanotechnologische Anwendungen in den Bereichen Farben, Textilien und Kosmetika bekannter geworden. Der Nutzen der Nanotechnologie wird trotz der vorhandenen Wissenslücken nach wie vor von einer deutlichen Mehrheit der Befragten höher eingeschätzt als mögliche Risiken. Bemerkenswert sind die in der Studie aufgedeckten Unterschiede zwischen den Geschlechtern. So sind Männer gegenüber Nanotechnologien deutlich positiver eingestellt als Frauen, sie befürworten Nano-Anwendungen eher als Frauen. Diese ausgeprägten Unterschiede wurden daher auch bei der Kommunikationsstrategie zur Verbesserung der Information von Verbraucherinnen und Verbrauchern berücksichtigt, die auf der Grundlage der Ergebnisse entwickelt wurde.

*(Bericht des BfR vom 27. 11. 2013)*

## M5 Nanopartikeln in Lebensmitteln: Fragwürdige Winzlinge

Gerlinde Gukelberger-Felix

**Sie stecken in Kaugummis, Instantsuppen und Kaffeepulver: Wie gefährlich sind Nanopartikeln in Lebensmitteln? Das können Forscher bislang kaum abschätzen. Produzenten müssen den Zusatz der winzigen Stoffe jetzt kennzeichnen.**

1 Die Lebensmittelindustrie zaubert für uns Verbraucher. Instantsuppen, Kaffeepulver und Salz versetzt sie mit Siliziumdioxid, damit sie nicht verklumpen. Kaugummis, Joghurtdressings, Schokolinsen und Dragees erhalten das Pigment[1] Titandioxid, damit sie weiß strahlen.
Diese zugesetzten Stoffe bergen jedoch möglicherweise ein Problem: Ein Teil von ihnen ist produktionsbedingt winzig, kleiner als hundert Nanometer oder ein Millionstel Millimeter. [...] Noch ist nur wenig darüber bekannt, was diese Nanopartikeln in unserem Körper anstellen.

2 Bislang mussten Lebensmittelhersteller nicht angeben, wenn ihre Produkte bei der Herstellung entstandene Nanopartikeln enthielten. Das hat sich jetzt geändert. Seit dem 13. Dezember 2014 gibt es eine Kennzeichnungspflicht. Damit Verbraucher die Stoffe erkennen können, muss der Begriff Nano in Klammern hinter der Zutat stehen – auch wenn sie, wie es bislang der Fall ist, nicht absichtlich als solche beigemischt wurden.

3 „Daneben gibt es vermutlich in jedem Lebensmittel auch natürliche organische Nanopartikeln“, sagt Ralf Greiner vom Max-Rubner-Institut (MRI), dem Bundesforschungsinstitut für Ernährung und Lebensmittel in Karlsruhe. „Beim Homogenisieren der Milch zum Beispiel entstehen Partikeln, die kleiner als hundert Nanometer sein können.“ Diese fallen nicht unter die Kennzeichnungspflicht.

4 Der Schritt ist vor allem in die Zukunft gedacht. Derzeit spielen gezielt hergestellte Nanomaterialien im Lebensmittelbereich noch kaum eine Rolle. Das könnte sich aber in den nächsten Jahren ändern. Auch abseits von Lebensmitteln befinden sich die künstlich hergestellten Nanopartikeln in immer mehr Artikeln, unter anderem in Haushaltsreinigern, Brillenputztüchern, Textilien und Imprägniersprays mit Treibgas. Bei Kosmetika existiert schon länger eine Kennzeichnungspflicht, zum Beispiel bei Sonnencremes. [...]
*(Artikel aus Spiegel Online vom 05. 02. 2015)*

**1** Worum geht es in den einzelnen von dir ausgewählten Materialien? Notiere Stichworte.

**2** Bearbeite nun die Prüfungsaufgabe von Seite 30. Schreibe den informierenden Text in dein Heft.

[1] **das Pigment:** farbgebende Substanz

# Prüfungsteil: Sprachwissen

**Bei den folgenden Aufgaben sind deine Kenntnisse der Grammatik gefragt. Solche Aufgaben werden in manchen Prüfungen gestellt.**

→ Wiederholung der Grammatik: Seiten 76–83

**1** a. Setze im folgenden Satz das fehlende Komma.

„Unsichtbare Nanonoppen auf Spiegeln Kacheln oder Glasflächen lassen Schmutz und Wasser abperlen." (M2, Zeilen 16–17)

b. Begründe die Kommasetzung. Schreibe einen vollständigen Satz auf.

______

**2** Im folgenden Satz sind Wörter verschiedener Wortarten markiert. Bestimme die Wortarten der markierten Wörter. Verwende die Fachbegriffe.

„In Socken und Sporthemden vertreiben sie unangenehmen Schweißgeruch." (M2, Zeilen 15–16)

in: ______ Socken: ______

und: ______ vertreiben: ______

sie: ______ unangenehmen: ______

**3** Im folgenden Satz sind zwei Adjektive in der Steigerungsform markiert. Schreibe die Grundform der gesteigerten Adjektive auf.

„Autoreifen erhalten eine höhere Laufleistung und bessere Straßenhaftung durch Teilchen im Nanoformat." (M2, Zeilen 17–18)

höher: ______ besser: ______

**4** a. Im folgenden Satz ist ein Wort markiert. Bestimme die Wortart. Schreibe den Fachbegriff auf.

„Noch Zukunftsmusik ist die Vorstellung, dass winzige Nanomotoren Medikamente gezielt an die Stellen im Körper transportieren, wo sie gebraucht werden." (M2, Zeilen 22–24)

dass: ______

b. Erkläre die Funktion des Wortes.

______

______

**5** Markiere im folgenden Satz das vollständige Prädikat.

„Gleichzeitig sind aber konkrete nanotechnologische Anwendungen in den Bereichen Farben, Textilien und Kosmetika bekannter geworden." (M4, Zeilen 6–7)

**6** In welcher Zeitform stehen die markierten Verben?
Schreibe die richtige Zeitform neben die Verben.

„Die Forscher haben entdeckt, dass Stoffe neue Eigenschaften entwickeln, wenn sie mit den Teilchen zusammenkommen." (M2, Zeilen 28–29)

haben entdeckt: ______________________

entwickeln, zusammenkommen: ______________________

**7** Stell dir vor, du schreibst im Jahr 2050 über die Anfänge der Nanotechnologie.
Schreibe die folgenden Sätze im Präteritum auf.

„Die Lebensmittelindustrie zaubert für uns Verbraucher. Instantsuppen, Kaffeepulver und Salz versetzt sie mit Siliziumdioxid, damit sie nicht verklumpen. Kaugummis, Joghurtdressings, Schokolinsen und Dragees erhalten das Pigment Titandioxid, damit sie weiß strahlen." (M5, Zeilen 4–10)

**8** Der folgende Satz steht im Passiv. Schreibe ihn im Aktiv auf.

„Seit Juli 2013 müssen alle Kosmetik- und Körperpflegeprodukte, die Nanomaterialien enthalten, gekennzeichnet werden." (M1, Zeilen 1–2)

*Die Hersteller*

**9** Im folgenden Satz sind zwei Verben im Konjunktiv II markiert.

Nanopartikeln könnten bis tief in die Lunge vordringen und dort Entzündungen auslösen. (M2)

a. Schreibe den Satz im Indikativ auf.

b. Begründe, warum in diesem Satz der Konjunktiv II verwendet wird.

# Gedanken miteinander verknüpfen

Elisa hat sich zum Thema „Piercing" einige Gedanken gemacht.

Viele Menschen finden Piercings zwar nicht schön, aber ich mag diese Art von Körperschmuck. Einerseits sind Piercings auch eine Modeerscheinung, andererseits kann ein Piercing einem Mädchen oder einem Jungen durchaus eine besondere Note verleihen. Vor allem Nasenstecker und Augenbrauenpiercings sind inzwischen unter Jugendlichen sehr verbreitet. Obwohl Piercings Entzündungen oder Allergien auslösen können, gehen viele das Risiko ein. Man kann den Schmuck auch wieder entfernen, aber an der Stelle können Narben bleiben.

**1** Welche Form des Piercings ist unter Jugendlichen recht verbreitet? Schreibe einen passenden Satz aus dem Text auf.

**2** Im Text sind die Textverknüpfer hervorgehoben.
a. Überlege, welche Funktion die Textverknüpfer haben.
b. Schreibe sie in die richtige Zeile der Tabelle.
**Tipp:** Manche Textverknüpfer bestehen aus zwei Teilen.

| Funktion | Textverknüpfer |
| --- | --- |
| eine Aussage einschränken | *zwar ..., aber* |
| einen Gegensatz aufzeigen | |
| etwas hervorheben | |

**3** a. Verbinde die folgenden Sätze mit passenden Textverknüpfern aus Aufgabe 2.
**Tipp:** Es gibt mehrere Möglichkeiten.
b. Formuliere einen eigenen Satz zum Thema „Piercing". Verwende einen Textverknüpfer.

Piercings beeinträchtigen im Alltag. Sie sind recht harmlos und können auch wieder entfernt werden. Manche Piercings wirken abstoßend. Piercings heben einen von der Masse ab.

# Schriftlich Stellung nehmen

In diesem Kapitel setzt du dich mit dem Thema „Tätowierungen" auseinander. Du formulierst deine Position zum Thema und nimmst schriftlich Stellung.

In einem Onlineforum wird über Tattoos als Körperschmuck diskutiert.
Ein Beitrag lautet: „Ein Tattoo gehört einfach dazu, wenn man cool sein will."

**Aufgabe:** Nimm in einem Forenbeitrag Stellung zu dieser Aussage.
Beachte: Das Forum wird sowohl von Jugendlichen als auch von deren Eltern gelesen.
Verwende als Grundlage für deine Stellungnahme die Materialien M1 und M2.
Gehe dabei so vor:

A Nenne in der Einleitung das Thema und formuliere deine Position als These.
B Begründe deine Position mit Argumenten und veranschauliche sie mit Beispielen.
C Entkräfte mindestens ein Argument der Gegenposition.
D Fasse im Schlussteil deine Position zusammen und ziehe Schlussfolgerungen.

**1** a. Lies die Aufgabenstellung genau.
b. Was gehört alles zur Lösung der Aufgabe? Beantworte die Leitfragen in Stichworten.

➜ Der Aufgabenknacker: Seite 84

**Leitfragen:**
Was sollst du tun?
Wer sind deine Adressaten?
Worüber sollst du schreiben?
Auf welcher Grundlage sollst du schreiben?

**2** Lies die Materialien M1 und M2 mit den Textknacker-Schritten 1 bis 3.

## M1 Aus einem Onlineforum

***DocKlunker:*** Mit 18 lasse ich mich tätowieren, denn erst mit einem Tattoo ist man wirklich cool. Das Motiv habe ich schon entworfen.
***Phoebe:*** Es gibt doch kaum noch jemanden, der nicht tätowiert ist. Inzwischen ist es eher wieder cool, kein Tattoo zu haben.
***AliFant:*** Im jugendlichen Übermut tut man ja manchmal unüberlegte Dinge. Ich muss z. B. jeden Tag den Namen einer Band auf meinem Arm sehen, obwohl ich diese Musik überhaupt nicht mehr mag. Und Tattoos entfernen zu lassen, ist schwierig und teuer.

***Pinkpunk:*** Also, ich habe mir gerade mein zehntes Tattoo stechen lassen und es sieht traumhaft aus. Mit einem persönlichen Motiv an der richtigen Stelle kannst du dich von der Masse abheben. Du zeigst, dass du etwas Besonderes bist.
***Leonie3000:*** Überleg dir deine Entscheidung gut. Manche Studios nehmen minderwertige Farben, wodurch z. B. Entzündungen oder Allergien auftreten können. Und wenn deine Haut sich verändert, ändert sich auch das Aussehen des Tattoos.

## M2 Bundespolizei darf Bewerberin mit Tattoo ablehnen

**1** Wer bei der Bundespolizei arbeiten möchte, muss auf allzu auffälligen Körperschmuck an sichtbarer Stelle verzichten. Das hat jetzt das Verwaltungsgericht Darmstadt entschieden. Tätowierungen könnten als „Zeichen eines gesteigerten Erlebnisdrangs" verstanden werden.

**2** Wer zur Polizei geht, hat, so sollte man meinen, einen ausgeprägten Sinn für Recht und Ordnung. Und vielleicht auch einen gewissen Abenteuerdrang. Letzterer ist bei der Bundespolizei allerdings nicht gerne gesehen, zumindest wenn er unter die Haut geht. Das Verwaltungsgericht Darmstadt hat jetzt in einem Eilverfahren entschieden, dass die Behörde zu Recht eine Bewerberin wegen ihrer Tätowierung abgewiesen hatte (Aktenzeichen 1 L 528/14.DA.).

**3** Die junge Frau, die eine großflächige Tätowierung am rechten Unterarm trägt, hatte sich für das Auswahlverfahren zum gehobenen Polizeivollzugsdienst beworben. Die Bundespolizei hatte bei ihrer Ablehnung auf Richtlinien verwiesen, nach denen sichtbare Tätowierungen einer Einstellung in den Dienst entgegenstünden. Bundespolizisten sollten keine Ansätze für Provokationen bieten.

**4** Gegen diese Entscheidung hatte sich die abgelehnte Bewerberin juristisch gewehrt. Sie argumentierte der Pressemitteilung des Verwaltungsgerichts zufolge vor allem damit, dass die Entscheidung der Behörde ihre verfassungsgemäßen Rechte auf freie Entfaltung der Persönlichkeit, Berufsfreiheit und Zugang zu jedem öffentlichen Amt nach Maßgabe von Eignung, Befähigung und fachlicher Leistung verletze. Die Behörde lasse außer Acht, dass sich in jüngerer Zeit sowohl in der Bevölkerung als auch im Polizeidienst die Vorstellungen über Tätowierungen als „Körperschmuck" entscheidend geändert hätten.

**5** Dieser Linie folgte das Gericht jedoch nicht. Zwar sei es richtig, dass Tätowierungen heutzutage nicht mehr nur in Seefahrer- und Sträflingskreisen anzutreffen seien, räumte die Kammer ein. Daraus könne jedoch noch nicht abgeleitet werden, dass in der Gesellschaft ein Wechsel der entsprechenden Anschauungen stattgefunden habe und heutzutage auch bei einem Polizisten als Repräsentant des Staates eine großflächige Tätowierung allgemein toleriert werde.
Sichtbare Tätowierungen könnten das Misstrauen des Bürgers schüren, weil sie als Zeichen eines gesteigerten Erlebnisdrangs verstanden werden könnten. Solche Tätowierungen würden eine überzogene Individualität zum Ausdruck bringen, die die Toleranz anderer übermäßig beanspruche. (Zitat Pressemitteilung)

**6** Die junge Bundespolizeianwärterin hat nun noch die Möglichkeit, Beschwerde gegen das Urteil einzulegen.
*(Artikel aus der Süddeutschen Zeitung vom 03. 06. 2014)*

# Die Stellungnahme planen

**Die folgenden Aufgaben helfen dir, die Prüfungsaufgabe zu lösen.**

**1** Worum geht es in den Texten? Notiere Stichworte.

M1 ________________________________

M2 ________________________________

**2** Welche Beiträge aus M1 passen zu den folgenden drei Thesen?
Schreibe unter jede These einen Namen aus M1.
**Tipp:** Es gibt mehrere Möglichkeiten.

| **These 1:** Tätowierungen zeigen die Einzigartigkeit und Fantasie eines Menschen. | **These 2:** Tätowierungen können Spaß machen, aber man muss sich der Folgen bewusst sein. | **These 3:** Tätowierungen sind eine reine Modeerscheinung, die man nicht mitmachen muss. |
|---|---|---|
| ________ | ________ | ________ |

**3** Was spricht für Tattoos? Was spricht gegen Tattoos?
a. Finde in den Materialien M1 und M2 Antworten.
Markiere sie in unterschiedlichen Farben.
b. Trage die Antworten als Argumente in die Tabelle ein.

| Argumente für Tattoos | Argumente gegen Tattoos |
|---|---|
| – *Man fühlt sich cool und einzigartig.* | |
| | |
| | |

**4** Welche Position zum Thema vertrittst du?
Schreibe deine Position auf. Formuliere sie als These, also als sachliche Behauptung.
**Tipp:** Du kannst eine These aus Aufgabe 2 übernehmen. Du kannst aber auch eine eigene These formulieren.

*Meine Position:* ________________________________

**5** Wie kannst du deine These mit Argumenten und Beispielen belegen?
a. Begründe deine These mit drei Argumenten. Schreibe sie in die Tabelle.
**Tipp:** Du kannst passende Argumente aus der Tabelle von Aufgabe 3 verwenden oder eigene Argumente nennen.
b. Schreibe zu jedem Argument ein Beispiel auf.

| Meine Position | | |
|---|---|---|
| **Nr.** | **Argumente** | **Beispiele** |
| | | |
| | | |
| | | |

**6** Welches ist dein stärkstes Argument, welches ist dein schwächstes Argument? Nummeriere deine Argumente von 1 bis 3.

**7** Welches Argument der Gegenposition kannst du entkräften?
a. Markiere ein Argument der Gegenposition in der Tabelle von Aufgabe 3.
b. Entkräfte dieses Argument mit einem deiner Argumente.
**Tipp:** Du kannst die Formulierungen vom Rand verwenden.

Obwohl einige Leute meinen, dass … / Auch wenn … / Zwar behaupten einige, dass …, aber … / Einerseits befürchtet man, dass …. Andererseits … / Manche Menschen meinen, dass … / Häufig wird geäußert, dass …, aber …

**Z 8** Entkräfte ein weiteres Argument der Gegenposition.

# Die Stellungnahme schreiben

**Deine Stellungnahme schreibst du als zusammenhängenden Text in dein Heft.**

➜ Schriftlich Stellung nehmen: Seite 85

**1** Schreibe eine Einleitung für deinen Forenbeitrag.

Einleitung

- Nenne das Thema und den Anlass deiner Stellungnahme.
- Formuliere deine Position zum Thema.

**Tipp:** Du kannst die Formulierungen aus dem Kasten verwenden.

> Ich möchte meine Position zum Thema … nennen. / Zum Thema … möchte ich folgende These vertreten: … / Meiner Ansicht nach … / Ich vertrete die Auffassung, dass … / Meines Erachtens … / Aus meiner Sicht … / Ich bin dafür/dagegen, dass …

**2** Schreibe den Hauptteil deiner Stellungnahme.

Hauptteil

- Beginne mit einem Argument der Gegenposition. Entkräfte es mit einem deiner Argumente.

**Tipp:** Wenn du die Z-Aufgabe 8 gelöst hast, gehe mit dem zweiten Argument der Gegenposition ebenso vor.

- Führe deine Argumente an. Nenne dein stärkstes Argument zum Schluss.
- Veranschauliche deine Argumente mit Beispielen.

**Tipp:** Du kannst die Formulierungen aus dem Kasten verwenden.

> Zum Beispiel … / Das kann man daran sehen, dass … / Beispielsweise … / Die Erfahrung zeigt, dass … / In einem Zeitungsartikel habe ich gelesen, dass …

**3** Schreibe einen Schlussteil. Ziehe Schlussfolgerungen aus deinen Argumenten und Beispielen.

Schluss

**Tipps:** Du kannst eine Frage stellen oder an deine Leser appellieren. Du kannst noch einmal auf dein stärkstes Argument verweisen. Du kannst die Formulierungen aus dem Kasten verwenden.

> Schließlich möchte ich noch einmal betonen … / Deshalb finde ich es wichtig, dass … / … bestärkt mich in meiner Position, dass … / Man könnte sicherlich auch … / Mein Vorschlag wäre … / Ein Mittelweg könnte sein, …

**4** a. Überprüfe deinen Text mit Hilfe der Checkliste.
b. Schreibe den überarbeiteten Forenbeitrag in dein Heft.

| *Checkliste: Schriftlich Stellung nehmen* | *ja* | *nein* |
|---|---|---|
| *Habe ich in der Einleitung das Thema genannt?* | ■ | ■ |
| *Habe ich meine Position in einem vollständigen Satz formuliert?* | ■ | ■ |
| *Habe ich im Hauptteil Argumente genannt (das stärkste zuletzt)?* | ■ | ■ |
| *Habe ich meine Argumente mit Beispielen belegt?* | ■ | ■ |
| *Habe ich mindestens ein Argument der Gegenposition entkräftet?* | ■ | ■ |
| *Habe ich im Schlussteil eine Schlussfolgerung formuliert?* | ■ | ■ |

# Texte überarbeiten

**Du überarbeitest Auszüge aus verschiedenen Stellungnahmen zum Thema „Tätowierungen".**

Tipp 1: **Vermeide umgangssprachliche Formulierungen.**

Eigentlich finde ich Tattoos superscharf, aber im Gesicht und am Hals sind sie echt zu krass. Ich hätte keinen Bock darauf, dass mich alle anstarren.

**1** Im Textabschnitt werden umgangssprachliche Formulierungen verwendet.
a. Markiere die Stellen.
b. Finde sachliche Formulierungen. Schreibe den überarbeiteten Text auf.

Tipp 2: **Achte auf die richtigen grammatischen Endungen.**

Ich bin der Meinung, dass klein Tattoos nicht schlimm sind. Wenn es nötig ist, kann man sie durch passenden Kleidung verbergen. Man darf niemanden vorschreiben, welche Schmuck er tragen soll. Da jeder Mensch ein anderen Geschmack hat, sollte man offen sein gegenüber Tattoos.

Achtung: Fehler!

**2** Der Textabschnitt enthält fünf falsche oder fehlende grammatische Endungen.
a. Finde die Fehler. Streiche die Fehlerwörter durch.
b. Schreibe den Text fehlerfrei auf.

Tipp 3: **Überprüfe die Zeichensetzung und korrigiere die Fehler.**

Meiner Ansicht nach ist es nicht richtig dass sich schon Jugendliche tätowieren lassen besonders an sichtbaren Körperstellen. Sie sind noch zu jung und können noch gar nicht absehen was sie ihrem Körper antun.

Kommas fehlen!

**3** Im Textabschnitt fehlen drei Kommas.
a. Setze die fehlenden Kommas. Wende dazu den Checkpunkt 6 des Rechtschreib-Checks an.
b. Schreibe den Text fehlerfrei in dein Heft.

➜ Der Rechtschreib-Check hintere Umschlagseit[e]

# Prüfung: Schriftlich Stellung nehmen

Die folgende Prüfungsaufgabe bearbeitest du selbstständig.
Du setzt dich mit dem Thema „Soziales Pflichtjahr" auseinander und nimmst in einem Leserbrief Stellung. Den Leserbrief schreibst du in dein Heft.

In eurer Schülerzeitung wird darüber diskutiert, ob alle Schülerinnen und Schüler nach der Schulzeit zu einem sozialen Jahr verpflichtet werden sollten.
Eine Aussage lautet: „Ein soziales Pflichtjahr ist nur Zeitverschwendung."

**Aufgabe:** Nimm in einem Leserbrief Stellung zu dieser Aussage.
Verwende als Grundlage für deine Stellungnahme die Materialien M1 und M2.
Gehe dabei so vor:

A Nenne in der Einleitung das Thema und formuliere deine Position als These.
B Begründe deine Position mit Argumenten und veranschauliche sie mit Beispielen.
C Entkräfte mindestens ein Argument der Gegenposition.
D Fasse im Schlussteil deine Position zusammen und ziehe Schlussfolgerungen.

## M1 (Un)freiwilliges soziales Jahr?

1 Das Freiwillige Soziale Jahr (FSJ) ist unter Jugendlichen sehr beliebt. Viele Jugendliche und junge Erwachsene zwischen 16 und 27 Jahren möchten sich für eine bestimmte Zeit sozial engagieren und etwa Alte und Kranke betreuen, in Jugendeinrichtungen helfen, Krötentunnel anlegen oder Schafe hüten. Auch in Sportvereinen, ökologischen Stationen und beim Denkmalschutz können sie ein soziales oder ökologisches Jahr absolvieren. Ein soziales Jahr ist attraktiv, denn die Jugendlichen können praktische Lebenserfahrung sammeln, soziale Kompetenzen einüben und gleichzeitig neue Berufsfelder kennen lernen.

2 Die 18-jährige Marie aus Dortmund zum Beispiel hat folgende Erfahrungen gemacht: „Im Freiwilligendienst beim Deutschen Roten Kreuz habe ich viel über mich und den Umgang mit anderen Menschen gelernt. Ich weiß jetzt auch, dass ich im sozialen Bereich arbeiten möchte. Außerdem habe ich etwas Abstand zur Schule bekommen und war zum ersten Mal unabhängiger von meiner Familie. Einige meiner Freunde nutzen den Freiwilligendienst, um in der Zeit bis zum Ausbildungs- oder Studienbeginn etwas Sinnvolles zu tun. Mittlerweile bin ich davon überzeugt, dass allen Jugendlichen ein soziales Pflichtjahr nach dem Schulabschluss guttun würde."

3 Nachdem die Wehrpflicht und damit auch der Zivildienst abgeschafft worden sind, forderten manche Politiker die Einführung eines solchen sozialen Pflichtjahres. Im Grundgesetz steht allerdings, dass jeder das Recht habe, Beruf, Arbeitsplatz und Ausbildungsstätte frei zu wählen. Es darf auch niemand zu einer bestimmten Arbeit gezwungen werden. Der Sprecher eines Wohlfahrtsverbandes gibt zu bedenken: „Die Organisation eines Pflichtjahres wäre schwierig, da es dann zu viele Bewerberinnen und Bewerber gäbe. Dafür stehen nicht genug Stellen zur Verfügung."

4 Kritiker sind vor allem gegen einen Zwang, da man gerade in sensiblen Bereichen, wie beispielsweise bei der Arbeit mit hilfs- und pflegebedürftigen Patienten, keine unwilligen Jugendlichen einsetzen könne. Nach Meinung von Experten und Wohlfahrtsverbänden sollte lieber die Zahl der Plätze für Freiwilligendienste erhöht werden. Dort engagieren sich bereits heute rund 30 000 junge Menschen. Auch ein FSJ im Ausland ist stark gefragt: Auf jeden der derzeit etwa 3500 Plätze kommen etwa zehn Bewerber.

## M2 Der Bundesfreiwilligendienst ersetzt den Zivildienst

Bis 2011 war der Zivildienst die Ersatzform des Wehrdienstes. Mit Aussetzen der Wehrpflicht erlosch aber auch dieser. Heute rückt an seine Stelle der Bundesfreiwilligendienst (BFD). Er ergänzt das Freiwillige Soziale Jahr und soll den Freiwilligendienst in der Gesellschaft verankern. Für Erwachsene, egal ob Frau oder Mann, steht er jedem offen. Der Freiwilligendienst wird in sozialen Einrichtungen wie Altersheimen, Schulen oder sogar Kindergärten absolviert. Die Vergütung beträgt zwischen 350 € und 400 € netto. Kostenträger ist zum einen der Bund und zum anderen die Einsatzstelle oder deren Träger. Zusätzlich zur Vergütung kann Wohngeld und Kindergeld beantragt werden. Die Dienstzeit beträgt in der Regel zwölf Monate, kann aber in Ausnahmefällen auf 24 Monate verlängert werden. Trotz des geringen Verdienstes kann der Freiwilligendienst eine gute Möglichkeit sein, seinen Weg in die Berufswelt zu finden, da man erste praktische Erfahrungen sammelt. 2011 vermeldete das Bundesamt für Familie und zivilgesellschaftliche Aufgaben 26 240 „Bufdi" (Bundesfreiwillige) im Einsatz. Im Februar 2012 waren es knapp 35 000 Freiwillige im Einsatz. […]

**Bundesfreiwilligendienst 2011**

**37 645 Freiwillige**
Juni 2011 bis April 2012

Männer 56 % | Frauen 44 %

| | | |
|---|---|---|
| Rettungs- /Sanitätsdienst | 19 % |
| Kliniken | 19 % |
| Altersheime | 16 % |
| Behindertenhilfe | 14 % |
| Kitas o.ä. | 7 % |
| Sonstige Einrichtungen | 26 % |

*Quelle: www.azubister.net*

**1** a. Welche Position möchtest du zu dem Thema vertreten? Kreuze an.

- ☐ Ich finde ein soziales Pflichtjahr sinnvoll.
- ☐ Für mich ist ein soziales Pflichtjahr Zeitverschwendung.

b. Formuliere deine Position als sachliche These.

**2** Bearbeite nun die Prüfungsaufgabe von Seite 43. Schreibe den Leserbrief in dein Heft.

# Prüfungsteil: Sprachwissen

**Bei den folgenden Aufgaben sind deine Kenntnisse der Grammatik gefragt. Solche Aufgaben werden in manchen Prüfungen gestellt.**

→ Wiederholung der Grammatik: Seiten 76–83

**1** In welcher Zeitform ist der Text „(Un)freiwilliges soziales Jahr?" überwiegend verfasst? Kreuze die richtige Antwort an.

☐ Präsens ☐ Präteritum ☐ Perfekt ☐ Futur

**2** Bestimme die Sätze in der Tabelle.
Ordne jedem Satz den richtigen Buchstaben zu.

A = Hauptsatz B = Satzreihe (Satzverbindung) C = Satzgefüge

| | |
|---|---|
| **„Ein soziales Jahr ist attraktiv, denn die Jugendlichen können praktische Lebenserfahrung sammeln, soziale Kompetenzen einüben und gleichzeitig neue Berufsfelder kennen lernen." (M1, Zeilen 5–7)** | |
| **„Nachdem die Wehrpflicht und damit auch der Zivildienst abgeschafft worden sind, forderten manche Politiker die Einführung eines solchen sozialen Pflichtjahres." (M1, Zeilen 15–16)** | |
| **„Auch ein FSJ im Ausland ist stark gefragt." (M1, Zeile 25)** | |

**3** Bestimme im folgenden Satz die markierten Satzglieder.
Schreibe die Fachbegriffe auf.

Allen Jugendlichen würde ein soziales Pflichtjahr nach dem Schulabschluss guttun.

Allen Jugendlichen: ______

ein soziales Pflichtjahr: ______

nach dem Schulabschluss: ______

**4** Gib den Satz in der indirekten Rede wieder.

„Im Freiwilligendienst beim Deutschen Roten Kreuz habe ich viel über mich und den Umgang mit anderen Menschen gelernt." (M1, Zeilen 9–10)

*Marie erzählt,* ______

______

**5** Erkläre die folgenden Wörter im Textzusammenhang.

sich engagieren (M1, Zeile 2): ______

soziale Kompetenzen (M1, Zeile 6): ______

sensible Bereiche (M1, Zeile 21): ______

# Eine Kurzgeschichte analysieren

In diesem Kapitel übst du, eine Kurzgeschichte mit Hilfe von Fragen und Aufgaben zu analysieren. Deine Ergebnisse fasst du schriftlich zusammen.

Lies zunächst den Text, bevor du die Aufgaben bearbeitest.
Schreibe einen zusammenhängenden Text.

**Aufgabe:** Analysiere die Kurzgeschichte „Die ganze Nacht" von Peter Stamm.
Gehe dabei so vor:

A Schreibe eine Einleitung, in der du Titel, Autor und Thema der Kurzgeschichte nennst.
B Fasse den Inhalt der Kurzgeschichte kurz zusammen.
C Stelle die Charaktereigenschaften der Hauptfiguren und ihr Verhältnis zueinander dar.
D Erläutere, welche Bedeutung das Wetter für die Handlung in der Geschichte hat.
E Nenne die Merkmale der Kurzgeschichte, die in diesem Text vorkommen. Belege deine Aussagen am Text.
F Erkläre, wie du den Schluss der Geschichte verstehst. Berücksichtige dabei auch den Titel.
G Eine Schülerin sagt über die Geschichte: „Die Frau nimmt solche Mühen auf sich, um zu dem Mann zu kommen. Ich finde es unverständlich, warum er dann nur über den Schnee spricht." Nimm Stellung zu dieser Aussage. Begründe deine Meinung mit Textbelegen.

**1** a. Lies die Aufgabenstellung genau.
b. Was gehört alles zur Lösung der Aufgabe? Beantworte die Leitfragen in Stichworten.

→ Der Aufgabenknacker: Seite 84

**Leitfragen:**
Was sollst du tun?
Welche Teilaufgaben sollst du bearbeiten?

**2** Lies nun die Geschichte mit Hilfe der Textknacker-Schritte 1 bis 3.

1. Vor dem Lesen
2. Das erste Lesen
3. Den Text genau lesen

## Die ganze Nacht

Peter Stamm

**1** Am späten Nachmittag hatte es angefangen zu schneien. Er war froh, dass er sich den Tag frei genommen hatte, denn der Schnee fiel sofort so dicht, dass er nach einer halben Stunde schon die Straßen bedeckte. Vor dem Haus sah er den Hausmeister den Gehweg kehren. Er trug eine Kapuze und führte auf einer dunklen Insel einen vergeblichen Kampf gegen den stetig fallenden Schnee.
Es war gut, dass er diesmal nicht zum Flughafen gefahren war, um sie abzuholen. Das letzte Mal hatte er ihr Blumen aus dem Automaten gekauft und sie dazu überredet, die lange Fahrt nach Manhattan mit der U-Bahn zu machen. Als sie dann vor einigen Tagen telefoniert hatten, meinte sie, es sei nicht nötig, dass er sie abhole, sie werde ein Taxi nehmen.
Er stand am Fenster und schaute hinaus. Selbst wenn der Flug pünktlich war, würde sie frühestens in einer halben Stunde hier sein. Aber er war jetzt schon unruhig. Er verwarf Sätze, die er sich in den vergangenen Wochen zurechtgelegt und sich immer wieder vorgesagt hatte. Er wusste, dass sie eine Erklärung verlangen würde, und wusste, dass er keine hatte. Er hatte nie Erklärungen gehabt, aber er war sich immer sicher gewesen.

**2** Eine Stunde später stand er wieder am Fenster. Es schneite noch immer, heftiger als zuvor, es war ein richtiger Schneesturm. Der Hausmeister hatte seinen Kampf aufgegeben. Alles war jetzt weiß, selbst die Luft schien weiß zu sein oder vom hellen Grau der einsetzenden Dämmerung, das kaum zu unterscheiden war vom Weiß des fallenden Schnees. Die Autos fuhren langsam und mit großer Behutsamkeit. Die wenigen Fußgänger, die noch draußen waren, stemmten sich gegen den Wind.
Er schaltete den Fernseher ein. Auf allen lokalen Kanälen war vom Sturm die Rede, und es war seltsam, dass man ihm schon einen Namen gegeben hatte, den alle Stationen kannten. In den Außenbezirken, hieß es, sei das Chaos noch größer als in der Innenstadt, und von der Küste kamen Meldungen über Hochwasser. Aber die Moderatoren, die man hinausgeschickt hatte und die, dick angezogen, in Mikrofone mit groteskem Windschutz sprachen, waren guter Laune und warfen Schneebälle in die Luft und wurden nur ernst, wenn sie von Sach- oder Personenschäden zu berichten hatten.

**3** Er rief die Fluggesellschaft an. Der Flug, sagte man ihm, sei wegen des Schneesturms nach Boston[1] umgeleitet worden. Kaum hatte er aufgelegt, klingelte das Telefon. Sie rief aus Boston an, sagte, sie müsse gleich weiter. Es gebe Gerüchte, dass der Kennedy Airport[2] wieder offen sei. Vielleicht müssten sie aber auch in Boston übernachten. Sie sagte, sie freue sich auf ihn, und er sagte, sie solle auf sich aufpassen. Sie sagte, bis später, und legte sofort auf.
Draußen war es dunkel geworden. Der Schnee fiel unaufhörlich, er fiel und fiel, und außer einigen Taxis, die im Schritttempo fuhren, waren keine Autos mehr zu sehen.
Er hatte mit ihr essen gehen wollen, jetzt hatte er Hunger. Und es würde noch Stunden dauern, bis sie hier war. Im Kühlschrank gab es nur ein paar Dosen Bier, im Gefrierfach eine Flasche Wodka und Eiswürfel. Er dachte, dass er etwas einkaufen sollte. Sie würde bestimmt hungrig sein nach der langen Reise. Er zog seinen warmen Mantel an und Gummistiefel. Er hatte keine anderen hohen Schuhe, die Stiefel hatte er kaum je getragen. Er nahm einen Schirm und ging nach draußen.

[1] **Boston:** Stadt an der Ostküste der USA, ca. 300 km nordöstlich von New York
[2] **Kennedy Airport:** ein Flughafen in New York östlich von Manhattan

4 Der Schnee lag hoch, aber er war nicht schwer und ließ sich mit den Beinen leicht beiseitepflügen. Alle Geschäfte waren geschlossen, nur in wenigen hatte sich das Personal die Mühe gemacht, auf einem improvisierten Schild den Grund für den frühen Ladenschluss zu nennen. Er ging quer durch die Stadt. Die Lexington Avenue war schneebedeckt, auf der Park Avenue sah er in einiger Entfernung die orangefarbenen Blinklichter der Schneepflüge, die in einem Konvoi die Straße heraufkamen. Die Madison und die Fifth Avenue waren irgendwann geräumt worden, aber sie waren schon wieder weiß. Hier musste er über hohe Schneewälle steigen. Er sank ein und der Schnee drang in seine Stiefel. Über den Times Square lief ein Langläufer. Die Leuchtreklamen blinkten, als sei nichts geschehen. Die farbigen Bewegungen hatten etwas Gespenstisches in der großen Stille. Er ging weiter, den Broadway hinauf. Kurz vor dem Columbus Circle sah er die beleuchteten Fenster eines Coffee Shops. Er war schon früher dort eingekehrt, der Geschäftsführer und die Kellner waren Griechen und das Essen war gut.

5 Im Lokal waren nur wenige Gäste. Die meisten saßen alleine an einem Tisch an der Glasfront, die bis zum Boden reichte, tranken Kaffee oder Bier und schauten hinaus. Die Stimmung war festlich, niemand sprach, es war, als seien sie alle Zeugen eines Wunders. Er setzte sich an einen Tisch und bestellte ein Bier und ein Club-Sandwich. Der Schnee in seinen Stiefeln begann zu schmelzen. Als der Kellner das Bier brachte, fragte er ihn, weshalb das Lokal noch offen sei. Sie hätten nicht mit so viel Schnee gerechnet, sagte der Kellner, jetzt sei es zu spät. Die meisten von ihnen wohnten in Queens und dort hinauszukommen sei im Moment unmöglich. Da könnten sie das Lokal ebenso gut offen lassen. „Vielleicht die ganze Nacht", sagte der Kellner und lachte.

6 Der Weg zurück schien leichter zu sein, obwohl es immer noch schneite. Er hatte sich ein Sandwich für sie einpacken lassen und gemerkt, dass er nicht wusste, was sie mochte. Er hatte eins mit Schinken und Käse genommen. Keine Mayonnaise, keine Pickles[3], das wusste er noch. Sie hatte ihm eine Nachricht hinterlassen, auf dem Anrufbeantworter. Einen Flug habe es nicht gegeben, jetzt sei auch Boston zu. Man bringe sie zum Bahnhof, von dort solle es einen Zug geben. Sie werde, wenn alles gut gehe, in vier Stunden in Manhattan sein. Der Anruf war vor einer Stunde gekommen.

7 Er schaltete wieder den Fernseher ein. Ein Mann stand vor einer Karte und erklärte, dass der Sturm entlang der Küste nach Norden ziehe, er habe inzwischen Boston erreicht. In New York sei das Schlimmste vorüber, sagte der Mann und lächelte, aber es werde wohl noch die ganze Nacht schneien. Er schaltete den Fernseher aus und trat wieder ans Fenster. Er dachte nicht mehr an seine Sätze, schaute nur hinaus auf die Straße. Er löschte das Deckenlicht und machte die Schreibtischlampe an. Dann kochte er Tee, setzte sich aufs Sofa und las. Um Mitternacht ging er zu Bett.

8 Als es klingelte, war es drei Uhr. Bevor er an der Tür war, klingelte es wieder. Er drückte auf den Türöffner und wartete einen Augenblick. Dann trat er, obwohl er nur in Shorts und T-Shirt war, hinaus auf den Flur und ging zum Aufzug. Es schien eine Ewigkeit zu dauern. Natürlich wusste er, dass sie es war, aber er war doch erstaunt, als die Tür des Aufzugs sich öffnete und er sie vor sich stehen sah. Sie stand einfach nur da, neben ihrem großen roten Koffer, und wartete. Er trat auf sie zu. Als er sie küssen wollte, umarmte sie ihn. Die Tür des Aufzugs schloss sich in seinem Rücken. Sie sagte: „Ich bin so unglaublich müde." Er drückte auf den Knopf und die Tür öffnete sich wieder.

[3] **Pickles** [engl.; sprich: pickels]: in Essig eingelegtes Gemüse

9 Sie teilten sich das Sandwich und sie erzählte, wie der Zug auf halber Strecke im Schnee stecken geblieben sei, wie er Stunden so gestanden habe, bis endlich ein Pflug das Gleis freiräumte.
„Natürlich hat niemand etwas gewusst", sagte sie. „Ich hatte Angst, dass wir die ganze Nacht stehen würden. Wenigstens habe ich warme Kleider dabei."
Er fragte, ob es immer noch schneie, schaute dann hinaus in die Nacht und sah, dass es fast aufgehört hatte.
„Das Taxi hat mich an der Lexington ausgeladen", sagte sie. „Es konnte nicht in die Straße rein. Ich habe dem Fahrer zwanzig Dollar gegeben und gesagt, bringen Sie mich hin, egal wie. Er hat den Koffer zu Fuß hierhergeschleppt. Ein kleiner Pakistani. Ein netter Mann." Sie lachte. Sie hatten Wodka getrunken und er schenkte noch einmal ein.

10 „Und?", sagte sie. „Was ist es denn so Dringendes, worüber du mit mir sprechen willst?"
„Ich liebe den Schnee", sagte er.
Er stand auf und trat ans Fenster. Der Schnee fiel nur noch in kleinen Flocken, die vom Himmel schwebten, manchmal aufstiegen, als seien sie leichter als Luft, und wieder sanken und im Weiß der Straße untergingen.
„Ist es nicht wunderschön?"
Er drehte sich um und schaute sie lange an, wie sie dasaß und an ihrem Wodka nippte.
Er sagte: „Ich bin froh, dass du da bist."

**Die folgenden Fragen und Aufgaben helfen dir, die Geschichte zu verstehen.**

**3** Worum geht es in der Kurzgeschichte? Schreibe einen oder zwei Sätze auf.

*In der Geschichte*

**4** Über welchen Zeitraum erstreckt sich die Handlung?
a. Markiere passende Textstellen.
b. Notiere Stichworte.

**5** Was tut der Mann, während er auf die Frau wartet?
a. Lies noch einmal die Absätze 1 bis 7.
b. Nummeriere die Tätigkeiten entsprechend dem Handlungsverlauf von 1 bis 5.

| | |
|---|---|
| Er erkundigt sich bei der Fluggesellschaft. | |
| Er schaut aus dem Fenster und beobachtet den Hausmeister. | |
| Er legt sich ins Bett. | |
| Er sitzt auf dem Sofa und liest. | |
| Er geht in ein Lokal, um etwas zu essen. | |

# Den Figuren folgen

**Während die Hauptfigur wartet, erfährt man etwas über ihre Beweggründe.**

**1** In welcher Stimmung befindet sich der Mann am Anfang der Geschichte?
a. Markiere passende Textstellen im Absatz 1.
b. Notiere Stichworte.

**2** Was wird über die Beziehung zwischen dem Mann und der Frau erzählt?
a. Lies noch einmal die Absätze 1 bis 3, 6 und 8.
b. Notiere Stichworte in der Tabelle. Gib auch die Zeilen an.

| Die beiden sind ein Paar. | Die Beziehung der beiden ist gestört. |
|---|---|
| | |

**3** Wie wirken die beiden Figuren auf dich? Notiere Stichworte.

**In seinem Verhalten und seinen Gedanken zeigt sich der Charakter des Mannes.**

**4** a. Welche Eigenschaften beschreiben den Mann am besten? Kreuze an.

| | | | |
|---|---|---|---|
| ☐ lieblos | ☐ selbstbewusst | ☐ gleichgültig | ☐ entschlossen |
| ☐ liebevoll | ☐ unsicher | ☐ nachdenklich | ☐ unentschieden |

b. Erkläre deine Auswahl in Stichworten.

**5** Welche Eigenschaften zeigt der Mann, nachdem die Frau angekommen ist?
a. Lies noch einmal die Absätze 8 bis 10.
b. Notiere Stichworte.

# Besondere Gestaltungsmittel erkennen

**Der Schnee spielt in der Geschichte eine besondere Rolle.**

**1** Wie reagieren die Einwohner New Yorks auf den starken Schneefall?
a. Finde passende Textstellen.
b. Zitiere drei Beispiele. Gib auch die Zeilen an.

**2** Welche Folgen hat der starke Schneefall für die beiden Hauptfiguren?
Notiere Stichworte in der Tabelle.

| Folgen für den Mann | Folgen für die Frau |
|---|---|
| | - *ihr Flug wird umgeleitet* |
| | |
| | |
| | |
| | |

**3** a. Welche Parallelen kann man zwischen dem Schneefall und der Beziehung der beiden Hauptfiguren erkennen? Kreuze die Aussage an, die dich am meisten überzeugt.

☐ Der heftige Schneefall könnte ein Bild dafür sein, dass die Beziehung zwischen dem Mann und der Frau unbeständig und schwierig ist.

☐ Der Schnee bedeckt die Straßen, die Autos können nur langsam und vorsichtig fahren, wenige Menschen sind unterwegs und es ist still in der Stadt. In dieser Stimmung treffen sich der Mann und die Frau wieder und können die Probleme, die sie vielleicht vorher miteinander hatten, eine Zeit lang vergessen.

☐ Der starke Schneefall beginnt am Nachmittag, wird zu einem Schneesturm, lässt später nach und hört in der Nacht fast auf. Die Stimmung des Mannes verändert sich ganz ähnlich.

b. Erkläre deine Auswahl in einigen Sätzen.

# Die Merkmale der Kurzgeschichte erkennen

**Der Schneefall macht aus dem Alltäglichen etwas Besonderes.**

**1** Erkläre in Stichworten, weshalb das Geschehen in dieser Kurzgeschichte alltäglich ist. Gib auch passende Textstellen an.

**2** Welche weiteren Merkmale einer Kurzgeschichte sind im Text zu erkennen? Nenne drei Merkmale. Belege sie mit Zeilenangaben.

**3** Beantworte die folgenden Fragen in Stichworten:
- Wie verhält sich die Frau nach ihrer Ankunft?
- Warum ist sie zu dem Mann nach New York gekommen?

**4** Im entscheidenden Moment bekommt die Frau keine Antwort auf ihre Frage. Beschreibe den Wendepunkt der Geschichte in Stichworten. Gib auch die Textstellen an.

**5** Beantworte folgende Fragen:
- Wie verstehst du das Ende der Geschichte?
- Was hat der Titel mit der Geschichte zu tun?

Z **6** Wie könnte die Geschichte weitergehen? Schreibe eine Fortsetzung in dein Heft.

**Starthilfe**

Die Frau blieb hartnäckig: „Du hast mir immer noch nicht gesagt, weshalb du mich sprechen wolltest …"

# Die Interpretation schreiben und überarbeiten

**Du stellst die Ergebnisse deiner Analyse in einem zusammenhängenden Text dar. Die Interpretation schreibst du in dein Heft.**

→ Eine Geschichte interpretieren: Seite 86

**1** Schreibe die Einleitung deiner Interpretation.
- Nenne die Textsorte, den Titel, den Autor und das Thema der Geschichte.
- Fasse den Inhalt der Geschichte kurz zusammen.

Einleitung

**2** Schreibe den Hauptteil deiner Interpretation.
Mit Hilfe der Leitfragen kannst du den Hauptteil gliedern.
- In welcher Situation befinden sich die Hauptfiguren?
- Wie verhalten sie sich?
- Welche Beweggründe haben die Hauptfiguren?
- Welche Charaktereigenschaften werden dabei deutlich?
- Welches Verhältnis haben die Hauptfiguren zueinander?
- Welche Bedeutung hat der Schnee für die Handlung in der Geschichte?
- Welche Merkmale der Kurzgeschichte sind zu erkennen?
- Wie sind der Schluss und der Titel der Geschichte zu verstehen?

**Tipps:** Verwende deine Stichworte von den Seiten 50–52.
Belege deine Aussagen mit Textstellen.

Hauptteil

**3** Schreibe einen Schlussteil für deine Interpretation.
- Nimm zu der Aussage der Schülerin Stellung.
- Schreibe deine persönliche Meinung zu der Geschichte auf.

Schluss

**4** **a.** Lies noch einmal die Prüfungsaufgabe auf Seite 46.
**b.** Prüfe deine Interpretation mit Hilfe der Checkliste.
**c.** Überarbeite deine Interpretation, wenn es nötig ist.

| *Checkliste: Eine Interpretation schreiben* | *ja* | *nein* |
|---|---|---|
| *Habe ich in der Einleitung Titel, Textsorte, Autor/Autorin und das Thema genannt?* | ☐ | ☐ |
| *Habe ich den Inhalt der Geschichte zusammengefasst?* | ☐ | ☐ |
| *Habe ich den Charakter der Figuren dargestellt und ihr Verhältnis zueinander beschrieben?* | ☐ | ☐ |
| *Habe ich den Zusammenhang zwischen dem Wetter und der Handlung der Geschichte erläutert?* | ☐ | ☐ |
| *Habe ich die Merkmale der Kurzgeschichte am Text belegt?* | ☐ | ☐ |
| *Habe ich den Schluss der Geschichte erklärt und dabei den Titel berücksichtigt?* | ☐ | ☐ |
| *Habe ich im Schlussteil zu der Aussage der Schülerin Stellung genommen und meine Meinung begründet?* | ☐ | ☐ |

# Texte überarbeiten

Du überarbeitest Auszüge aus einer Schülerinterpretation der Kurzgeschichte „Die ganze Nacht“ von Peter Stamm.

## Tipp 1: Belege deine Aussagen mit Zitaten. Kennzeichne die Zitate.

Schon zu Beginn der Kurzgeschichte wird deutlich, dass die Hauptfigur dem Treffen mit der Frau mit gemischten Gefühlen entgegensieht. An dem Satz Aber er war jetzt schon unruhig erkennt der Leser, in welcher Stimmung sich der Mann befindet.

Anführungszeichen fehlen!

**1** Im Textabschnitt ist ein Zitat hervorgehoben.
- a. Finde diese Textstelle in der Geschichte auf Seite 47.
- b. Schreibe den Satz mit dem Zitat richtig auf. Ergänze die Anführungszeichen und die Zeilenangabe in Klammern.

Als die Frau schließlich ankommt, scheint der Mann sogar überrascht zu sein.

**2** Belege die Aussage mit einem Zitat.
- a. Finde eine passende Textstelle im Absatz 8 der Geschichte.
- b. Schreibe die Aussage zusammen mit dem Zitat auf.

## Tipp 2: Gestalte die Satzanfänge abwechslungsreich.

Er hat sich offenbar wenig Gedanken über den Ablauf des Abends gemacht. Er hat der Frau vorher mitgeteilt, dass er etwas Wichtiges mit ihr besprechen müsse. Er ist aber nicht in der Lage, das Thema anzusprechen. Er weicht ihrer Frage aus.

**3** Der Textabschnitt enthält mehrere gleiche Satzanfänge.
- a. Markiere die Satzanfänge.
- b. Stelle die Sätze um oder verknüpfe sie miteinander.
  **Tipp:** Du kannst die Wörter vom Rand verwenden.
- c. Schreibe den überarbeiteten Text auf.

zwar …, aber …
obwohl, sodass,
indem, sondern

**Tipp 3: Überprüfe die Rechtschreibung und korrigiere die Fehler.**

➜ Der Rechtschreib-Check: hintere Umschlagseite

Während er auf die Ankunft der Frau watet, wirkt der Mann etwas nevös. Trotzdem hält er es nicht für nötig, sie vom Fulghafen abzuholen. Es kommt ihm gelegn, dass sie sich ein Taxi nehmen will.

Achtung: Fehler!

**4** Der Textabschnitt enthält vier Rechtschreibfehler.
- a. Finde die Fehler. Wende dazu den Checkpunkt **1** des Rechtschreib-Checks an.
- b. Streiche die Fehlerwörter durch.
- c. Schreibe den Text fehlerfrei auf.

Eigentlich wolte er mit ihr ins Restaurant gehen, doch angesichts des Schnesturms ist das nicht möglich. Hätte er sich rechtzeitig über die komende Wetterlage informirt, dann hätte er wohl etwas für das Frustück eingekauft.

Achtung: Fehler!

**5** Der Textabschnitt enthält fünf Rechtschreibfehler.
- a. Finde die Fehler. Wende dazu den Checkpunkt **2** des Rechtschreib-Checks an.
- b. Streiche die Fehlerwörter durch.
- c. Schreibe den Text fehlerfrei auf.

Durch die verspätung hatte der Mann genügend Zeit, sich auf das Wichtige Gespräch vorzubereiten. Als Positives Zeichen ist zu Werten, dass die Frau nicht genervt reagiert, obwohl der mann ihrer Frage eher ausweicht.

Achtung: Fehler!

**6** Der Textabschnitt enthält fünf Rechtschreibfehler.
- a. Finde die Fehler. Wende dazu den Checkpunkt **5** des Rechtschreib-Checks an.
- b. Streiche die Fehlerwörter durch.
- c. Schreibe den Text fehlerfrei auf.

# Prüfung: Einen Romanauszug analysieren

Die folgende Prüfungsaufgabe bearbeitest du selbstständig. Du untersuchst einen Romanauszug und schreibst die Ergebnisse deiner Analyse ins Heft.

Lies zunächst den Text, bevor du die Aufgaben bearbeitest.
Schreibe einen zusammenhängenden Text.

**Aufgabe:** Analysiere den Textauszug aus dem Roman „Das Schweigen der Eulen" von Jan de Leeuw.
Gehe dabei so vor:

A Schreibe eine Einleitung, in der du Titel und Autor des Romans und das Thema des Ausschnitts nennst.
B Fasse den Inhalt kurz zusammen.
C Stelle die Charaktereigenschaften der Hauptfiguren und ihr Verhältnis zueinander dar.
D Beschreibe, wie die anderen Kinder auf die Situation reagieren.
E Erläutere, wie durch besondere sprachliche Mittel deutlich wird, dass die Großmutter von dem Auftritt des Großvaters fasziniert ist.
F Ein Schüler sagt über den Text: „Es ist doch kaum zu glauben, dass keines der Kinder etwas unternimmt, um Louisa zu retten." Nimm zu dieser Aussage Stellung. Begründe deine Meinung mit Textbelegen.

In dem Roman „Das Schweigen der Eulen" verbringt der 13-jährige Arnoud mit seinem Vater die Sommerferien in dem Dorf Deemstervelde. Unter dem Nachlass der verstorbenen Großmutter befindet sich ein Brief an Arnoud, in dem sie über den Großvater schreibt.

## Das Schweigen der Eulen

Jan de Leeuw

1 Dein Großvater war übrigens keiner, den man leicht vergaß. Und das nicht nur deshalb, weil er so eine Erscheinung war. Denn das war er, eine außergewöhnliche Erscheinung. […]

Es war auch nicht, weil er stark war. Oder klug. Oder schnell. Das war er alles. Aber da war noch mehr. Dein Großvater war eigen[1]. Er war besonders. Er war größer, schien gegenwärtiger als die anderen Männer, die ich kannte. Er war zu groß für unser Dorf. In seiner Nähe verkehren hieß vor einer heißen Ofentür zu stehen oder einem Platzregen oder einem Sturmwind trotzen zu müssen. Er war kein Mann, eher eine Naturgewalt.

2 Ich erinnere mich noch gut an das erste Mal, als ich ihn sah. Ich war acht Jahre alt, aber der Tag hat sich mir ins Gedächtnis gegraben.
Es war ein strenger Winter. Die Tongruben in der Umgebung froren zu und verwandelten sich in Schlittschuhparadiese. Alle Kinder des Dorfes waren auf dem Eis zu finden. Manche hatten Schlittschuhe, andere versuchten, auf ihren Holzschuhen zu schlittern. Wie es schon seit Tausenden von Jahren war und wahrscheinlich auch noch in Tausenden von Jahren sein wird, falls sich die Welt nicht völlig verändert, taten die Jungs mutig und taten die Mädchen, als würden sie das nicht bemerken.

[1] **eigen:** eigensinnig, stur

In die Mitte von einer der Eisflächen hatten die Jungs ein Loch gehackt und versuchten, wie Eskimos darin zu angeln. Das klappte natürlich nicht, weil es, wie sie selbst wussten, in den Tongruben keine Fische gab. Sie wurden es schnell leid und versuchten, sich stattdessen gegenseitig in das Loch zu stoßen. Als ihnen auch das zu langweilig wurde, rief Jules Schoonjans, sie könnten doch besser eines der Mädchen als Köder benutzen. Natürlich stoben wir alle lachend und kreischend davon. Nur Louisa de Rekel rutschte aus. Die Jungs fassten sie an einem Bein und schleiften sie johlend zu dem Eisloch. Sie schrie und schrie, aber wir alle blieben in sicherer Entfernung. Wir dachten nicht, dass die Jungs es so weit treiben würden.
Louisa hatte Todesangst. Sie wehrte sich, biss und trat so wild um sich, dass sie sie zuletzt losließen. Leider verlor sie das Gleichgewicht und wir alle sahen sie in Zeitlupe schreiend über das Eis rutschen und mit einem Plumps im Wasser landen. Sie ging unter und tauchte nicht mehr auf. Die Mädchen schrien. Die Jungs schauten sich gegenseitig an. Sie hatten noch mehr Angst als wir. Was hatten sie getan? Sie wichen zurück, drehten sich um, rannten in alle Richtungen, bloß weg von dem Loch.
Louisa hatte es gegeben.

**3** Aber dann kam wie ein Romanheld dein Großvater zu Pferd aufs Eis geritten. Er war zwölf, aber groß für sein Alter. Er kam von der Baronie[2], wo er und sein Bruder in den Ställen arbeiteten. Pferde dürfen nicht den ganzen Winter im Stall stehen, und Arnoud[3] war gerade dabei, eines der Tiere in der frischen Luft zu bewegen, als er den Lärm bemerkte.
Beim Eisloch stieg er ab, band ein Seil an die Zügel seines Pferdes, wickelte sich das andere Ende ums Handgelenk und tauchte ins Wasser. Wir hielten den Atem an.
Wie lange konnte man in dem kalten Wasser herumschwimmen? Endlich tauchte er auf. Mit Louisa. Wir standen da und gafften ihn an, während er versuchte, aus dem Eisloch zu kommen. Wir wurden erst wieder lebendig, als er schon tropfnass auf dem Eis stand.
Die Mädchen begleiteten Louisa nach Hause. Sie lebte noch, aber ihre Zähne klapperten wie Kastagnetten[4]. Ich blieb stehen und sah, wie Arnoud zu den Jungs lief. Ich weiß nicht, was er zu ihnen sagte, aber plötzlich lag Jules Schoonjans auf dem Eis. Arnoud hatte ihn niedergeschlagen und zerrte ihn am Kragen zu dem Loch. Jules rief und flehte, aber keiner trat zwischen die beiden. Einen Meter vor dem Loch blieb Arnoud stehen. Er rief Jules etwas zu.
Der nickte und stand auf. Er begann, sich auszuziehen. Arnoud zog ebenfalls seine nassen Sachen aus. Und da standen sie, zwei nackte Jungs auf dem Eis.
Dein Großvater, der nackte Held.
Nur kurz. Dann zog er sich Jules' Sachen an und ritt fort. Der nackte Jules ließ Arnouds nasse Sachen wohlweislich liegen und wickelte sich stattdessen in die Westen und Schals der anderen Jungs.

**4** Ich weiß nicht, was es war, was von ihm ausging, eine Art Spannung, Willenskraft oder Elektrizität, aber er sprühte nur so davon.
Alle Mädchen träumten von ihm. Aber nicht eine von ihnen dachte daran, etwas mit ihm anzufangen. Man fängt auch nichts mit dem Blitz an oder mit einem wilden Stier. Du starrst, der Mund klappt dir auf, du bist vorübergehend nicht von dieser Welt, aber dann nimmst du deinen Korb oder dein Fahrrad und scherst dich weiter. [...]

[2] **die Baronie:** die Besitztümer eines Barons
[3] **Arnoud:** Das ist der Name des Großvaters. Sein Enkel wurde nach ihm benannt.
[4] **die Kastagnetten:** kleine Rhythmusinstrumente aus Holz

# Prüfungsteil: Sprachwissen

**Bei den folgenden Aufgaben sind deine Kenntnisse der Grammatik gefragt. Solche Aufgaben werden in manchen Prüfungen gestellt.**

→ Wiederholung der Grammatik: Seiten 76–83

**1** In dem folgenden Satz aus dem Romanauszug ist ein Nebensatz markiert.

„Er war größer, schien gegenwärtiger als die anderen Männer, die ich kannte." (Zeilen 4–5)

a. Um was für eine Art Nebensatz handelt es sich? Kreuze an.

☐ Relativsatz ☐ Konjunktionalsatz ☐ Infinitivsatz

b. Welche Funktion hat dieser Nebensatz? Schreibe einen vollständigen Satz auf.

**2** In welcher Zeitform stehen die markierten Verben?
Schreibe die richtige Zeitform neben die Verben.

„Was hatten sie getan? Sie wichen zurück, drehten sich um, rannten in alle Richtungen. Louisa hatte es gegeben." (Zeilen 26–28)

wichen zurück, drehten sich um, rannten: ______

hatten getan, hatte gegeben: ______

**3** Finde in dem Romanauszug auf den Seiten 56–57 einen einfachen Satz, eine Satzreihe und ein Satzgefüge. Schreibe die drei Sätze auf.

a. Einfacher Satz: ______

b. Satzreihe: ______

c. Satzgefüge: ______

**4** a. Setze im folgenden Satz das fehlende Komma.

„Ich erinnere mich noch gut an das erste Mal als ich ihn sah." (Zeile 8)

b. Begründe die Kommasetzung. Schreibe einen vollständigen Satz auf.

**5** Im folgenden Zitat aus dem Roman sind Wörter verschiedener Wortarten markiert. Bestimme die Wortarten der markierten Wörter. Verwende die Fachbegriffe.

„Er kam von der Baronie, wo er und sein Bruder in den Ställen arbeiteten. Pferde dürfen nicht den ganzen Winter im Stall stehen, und Arnoud war gerade dabei, eines der Tiere in der frischen Luft zu bewegen, als er den Lärm bemerkte." (Zeilen 30–32)

kam: ______ er: ______

in: ______ den: ______

Winter: ______ und: ______

frischen: ______ als: ______

**6** In welchem Fall steht das markierte Nomen? Kreuze an.

„…, als er den Lärm bemerkte."

☐ Nominativ ☐ Genitiv ☐ Dativ ☐ Akkusativ

**7** Schreibe den Infinitiv des markierten Verbs auf.

„Er kam von der Baronie, …"

______

**8** Was hat die Großmutter zu Hause ihren Eltern erzählt? Gib das Geschehen im Perfekt wieder.

„Nur Louisa de Rekel rutschte aus. Die Jungs fassten sie an einem Bein und schleiften[1] sie johlend zu dem Eisloch. Sie schrie und schrie, aber wir alle blieben in sicherer Entfernung. Wir dachten nicht, dass die Jungs es so weit treiben würden." (Zeilen 19–22)

______

**9** Erkläre den Vergleich mit deinen eigenen Worten.

„Aber dann kam wie ein Romanheld dein Großvater zu Pferd aufs Eis geritten." (Zeile 29)

______

[1] schleifen, er schleift, er schleifte, er hat geschleift

# Gefühle – bildlich ausgedrückt

**Wenn wir über Gefühle sprechen, verwenden wir oft Metaphern.**

Was ist denn los, Katja? Warum weinst du?

Ach, es ist wegen Joris. Er hat mir das Herz gebrochen! Ich habe ihn gestern mit einem anderen Mädchen im Café gesehen, obwohl wir verabredet waren.

**1** In der Sprechblase ist eine Metapher hervorgehoben.
Was meint Katja damit? Kreuze an.

☐ Sie verspürt Herzrasen. ☐ Sie ist verletzt und enttäuscht. ☐ Sie ist krank.

**2** Metaphern sind wie Bilder.
Welches Bild gehört zu welcher Metapher?
Schreibe die Buchstaben A bis D
zu den passenden Metaphern.

____ Schmetterlinge im Bauch haben

____ über seinen Schatten springen

____ den Nagel auf den Kopf treffen

____ etwas durch eine rosarote Brille sehen

**3** Welche Metapher aus Aufgabe 2
passt zu welcher Aussage?
Schreibe einen vollständigen Satz mit der Metapher auf.

Ich bin verliebt. __________

Da musste ich mich sehr überwinden. __________

Ich habe genau das Richtige gesagt. *Ich habe den Nagel auf den Kopf getroffen.*

Ich sehe alles immer nur positiv. __________

Susan gibt ihrer Freundin einen Rat: „Ich finde, du solltest mit Joris reden.
Spring über deinen Schatten und ruf ihn an. Vielleicht siehst du ja zu schwarz."

**4** „Übersetze" die hervorgehobenen Metaphern. Schreibe auf, was die Freundin meint.

# Ein Gedicht analysieren

**Mit Hilfe von Fragen und Aufgaben analysierst du das Gedicht „Willkommen und Abschied" von Johann Wolfgang von Goethe.**

**Aufgabe:** Analysiere das Gedicht „Willkommen und Abschied" von Johann Wolfgang von Goethe.
Fasse deine Ergebnisse in einem eigenen Text zusammen.
Gehe dabei so vor:

A Nenne in der Einleitung die Textsorte, den Titel und den Dichter. Fasse kurz zusammen, worum es in dem Gedicht geht.
B Stelle dar, in welcher Situation sich das lyrische Ich befindet und von welchen Gefühlen es bewegt wird.
C Erläutere, welche Rolle die Naturbeschreibungen in dem Gedicht spielen.
D Nenne auffällige Gestaltungsmittel in dem Gedicht und beschreibe ihre Wirkung.
E Ordne das Gedicht in die Epoche des Sturm und Drang ein.
F Fasse im Schlussteil deine Deutungen zusammen.

**1** a. Lies die Aufgabenstellung genau.
b. Was gehört alles zur Lösung der Aufgabe? Beantworte die Leitfragen in Stichworten.

➜ Der Aufgabenknacker: Seite 84

**Leitfragen:**
Was sollst du tun?
Worauf musst du bei den Teilaufgaben achten?

**2** a. Sieh dir die beiden Bilder an.
b. Welches Bild passt deiner Meinung nach besser zum Titel „Willkommen und Abschied"? Begründe deine Wahl.

**3** Lies nun das Gedicht „Willkommen und Abschied" mehrmals, Strophe für Strophe.

## Willkommen und Abschied

Johann Wolfgang von Goethe (1749–1832)

Es schlug mein Herz, geschwind zu Pferde!
Es war getan, fast eh gedacht;
Der Abend wiegte schon die Erde
Und an den Bergen hing die Nacht:
Schon stand im Nebelkleid die Eiche,
Ein aufgetürmter Riese, da,
Wo Finsternis aus dem Gesträuche
Mit hundert schwarzen Augen sah.

Der Mond von einem Wolkenhügel
Sah kläglich aus dem Duft hervor,
Die Winde schwangen leise Flügel,
Umsausten schauerlich mein Ohr;
Die Nacht schuf tausend Ungeheuer,
Doch frisch und fröhlich war mein Mut:
In meinen Adern, welches Feuer!
In meinem Herzen, welche Glut!

Dich sah ich und die milde Freude
Floss von dem süßen Blick auf mich;
Ganz war mein Herz an deiner Seite
Und jeder Atemzug für dich.
Ein rosenfarbnes Frühlingswetter
Umgab das liebliche Gesicht,
Und Zärtlichkeit für mich – ihr Götter!
Ich hofft' es, ich verdient' es nicht!

Doch ach! schon mit der Morgensonne
Verengt der Abschied mir das Herz:
In deinen Küssen, welche Wonne!
In deinem Auge, welcher Schmerz!
Ich ging, du standst und sahst zur Erden
Und sahst mir nach mit nassem Blick:
Und doch, welch Glück, geliebt zu werden!
Und lieben, Götter, welch ein Glück!

**4** „Es schlug mein Herz", so beginnt die erste Strophe des Gedichts.
Welche Gefühle verbindest du mit diesen Worten? Schreibe Stichworte auf.

**5** Wer spricht in dem Gedicht?
a. Markiere Wörter in dem Gedicht, die dir Hinweise geben.
b. Schreibe deine Vermutung über den Sprecher auf.

**6** „Dich sah ich", so beginnt die dritte Strophe.
Wen spricht das lyrische Ich hier an?
a. Markiere weitere Textstellen, die dir Hinweise geben.
b. Schreibe deine Vermutung auf.

**7** Worum geht es in dem Gedicht? Kreuze die richtige Antwort an.

- ☐ Ein Liebender trifft seine Geliebte, die jedoch nichts mehr von ihm wissen will.
- ☐ Zwei Menschen treffen sich in einem nächtlichen Wald und verlieben sich ineinander.
- ☐ Zwei Liebende treffen sich in der Nacht und nehmen am Morgen wieder Abschied voneinander.
- ☐ Ein Vater reitet mit seinem kranken Sohn durch die Nacht.

# Sprachliche Bilder erkennen und deuten

**Die Gefühle spielen in dem Gedicht eine besondere Rolle.**

**1** Wie verändern sich die Gefühle des lyrischen Ichs?
a. Markiere im Gedicht Wortgruppen, die die Gefühle ausdrücken.
b. Wie fühlt sich das lyrische Ich vor und während der Begegnung mit der Geliebten? Notiere Stichworte.
**Tipp:** Du kannst die Wörter vom Rand verwenden.

ängstlich, furchtlos, voller Vorfreude, ruhig, aufgeregt, glücklich, traurig, dankbar, verzweifelt

*Auf dem Weg zu der Geliebten:*

*Bei der Geliebten:*

**2** Die Empfindungen des lyrischen Ichs werden durch sprachliche Bilder ausgedrückt.
a. Lies noch einmal die erste und die dritte Strophe des Gedichts.
b. Schreibe zu jedem Bild eine passende Textstelle auf.

**3** Was können die folgenden sprachlichen Bilder bedeuten?
Verbinde die sprachlichen Bilder aus dem Gedicht mit einer passenden Deutung.

| | |
|---|---|
| Die Nacht schuf tausend Ungeheuer | Meine Sehnsucht war stark. |
| Die Winde schwangen leise Flügel | Du schautest mich verliebt an. |
| In meinem Herzen, welche Glut | Es wehte ein leichter Wind. |
| Floss von dem süßen Blick auf mich | Die Natur machte mir Angst. |
| Jeder Atemzug für dich | Ich war sehr traurig. |
| Verengt der Abschied mir das Herz | Für dich würde ich alles geben. |

**4** Wie wirken die sprachlichen Bilder auf dich? Beschreibe deinen Eindruck.

# Den Aufbau und die Form des Gedichts erschließen

**Inhalt und Form sind in einem Gedicht eng miteinander verbunden.**

**1** Was haben der Ritt auf dem Pferd und der Rhythmus des Gedichts gemeinsam?

**a.** Stelle dir ein galoppierendes Pferd vor. Was hörst du?

**b.** Untersuche nun das Metrum in dem Gedicht.

Gehe so vor:
- Lies den ersten Vers laut. Achte auf die betonten Silben.
- Lies auch die nächsten Verse laut und markiere die betonten Silben.

x x́ x x́ x x́ x x́ x
Es schlug mein Herz, geschwind zu Pferde!

x x x x x x x x
Es war getan, fast eh gedacht.

x x x x x x x x x
Der Abend wiegte schon die Erde

x x x x x x x x
Und an den Bergen hing die Nacht:

> **Merkwissen**
> Das **Metrum** (Versmaß) ist der Sprechrhythmus eines Gedichts.
> Wenn sich unbetonte und betonte Silben abwechseln, nennt man das einen **Jambus**.

**2** **a.** Untersuche das Reimschema in der ersten Strophe. Kennzeichne dazu die Reime am Rand mit Buchstaben.

**b.** Überprüfe das Reimschema in den weiteren Strophen.

| | |
|---|---|
| Es schlug mein Herz, geschwind zu Pferde! | a |
| Es war getan, fast eh gedacht. | b |
| Der Abend wiegte schon die Erde | |
| Und an den Bergen hing die Nacht: | |
| Schon stand im Nebelkleid die Eiche, | |
| Ein aufgetürmter Riese, da, | |
| Wo Finsternis aus dem Gesträuche | |
| Mit hundert schwarzen Augen sah. | |

**3** **a.** Beschreibe die äußere Form des Gedichts in Stichworten (Anzahl der Strophen und Verse, Reimschema).

**b.** Wie wirken der Rhythmus und das Reimschema auf dich? Schreibe es auf.

**4** **a.** Lies noch einmal das vollständige Gedicht auf Seite 62.
**b.** Beantworte folgende Fragen in Stichworten:
- Was empfindet das lyrische Ich beim Abschied von der Geliebten?
- Wie verstehst du den Titel des Gedichts?

**Informationen über den Dichter und die Entstehungszeit können helfen, das Gedicht genauer zu verstehen.**

## Dichtkunst mit Herz

Johann Wolfgang von Goethe schrieb das Gedicht „Willkommen und Abschied" 1771, als er 21 Jahre alt war. Er studierte zu der Zeit Jura in Straßburg und hatte sich in eine junge Frau namens Friederike Brion verliebt. Sie wohnte in einem Dorf in der Nähe von Straßburg und war die Tochter eines Pfarrers. Die beiden verbrachten eine glückliche Zeit miteinander, doch dann beendete Goethe die Beziehung, da er sich nicht binden wollte. Friederike Brion war darüber sehr unglücklich. Das Gedicht wurde erst 1789 veröffentlicht, nachdem Goethe es mehrfach überarbeitet hatte.
Zwischen 1765 und 1785, zur Zeit des Sturm und Drang, verfassten einige junge Dichter gefühlvolle Dramen und Gedichte. Sie wandten sich damit gegen die Traditionen in der Literatur, wonach Gedichte und Dramen eine starre Form haben mussten. Gleichzeitig war es auch ein politischer Protest gegen Fürstenherrschaft und Ständeordnung. Die Dichter fühlten eine Aufbruchstimmung, was sich in der Bezeichnung dieser Epoche als „Sturm und Drang" ausdrückt. Die Sprache dieser Dramen und Gedichte ist vor allem gefühlsbetont. Den Gedichten liegt häufig ein Erlebnis zugrunde, das den Verfasser stark berührt hat. Schlüsselwörter und Motive sind z. B. Herz, Liebe, Einsamkeit, Abschied oder Schmerz. Die Natur wird oft schwärmerisch und bildhaft dargestellt. Der Satzbau ist geprägt von Ausrufen und Gedankenstrichen.

**5** Beschreibe den Zusammenhang zwischen dem Gedicht und den biografischen Angaben.
**Tipp:** Markiere zunächst passende Stellen im Text.

**6** Welche Merkmale des Sturm und Drang erkennst du in dem Gedicht?
Nenne zwei Merkmale und belege sie durch Zitate aus dem Gedicht.

# Die Interpretation schreiben und überarbeiten

**Du stellst die Ergebnisse deiner Analyse in einem zusammenhängenden Text dar. Die Interpretation schreibst du in dein Heft.**

→ Ein Gedicht interpretieren: Seite 86

**1** Schreibe die Einleitung deiner Interpretation.
- Nenne die Textsorte, den Titel und den Dichter.
- Fasse zusammen, worum es in dem Gedicht geht.

Einleitung

**2** Schreibe den Hauptteil deiner Interpretation.
Mit Hilfe dieser Leitfragen kannst du den Hauptteil gliedern.
- In welcher Situation befindet sich das lyrische Ich?
- Was empfindet das lyrische Ich?
- Welche Bedeutung hat die Natur im Gedicht?
- Inwiefern ist das Gedicht typisch für seine Entstehungszeit?

**Tipps:** Verwende deine Stichworte von den Seiten 62–65.
Belege deine Aussagen mit Textstellen.

Hauptteil

**3** Beschreibe im Hauptteil auch die äußere Form des Gedichts.
**Tipp:** Du kannst Formulierungen aus dem Kasten verwenden.

> Das Gedicht besteht aus … / Es hat ein einheitliches/uneinheitliches Reimschema. Dabei handelt es sich um Paarreime/Kreuzreime/umarmende Reime. / Das Metrum ist gleichmäßig/ungleichmäßig. Es handelt sich um … / Auffällig ist, dass … / Das wirkt, als ob … / Man hat den Eindruck, dass … /

**4** Schreibe im Schlussteil auf, wie das Gedicht auf dich wirkt.
Fasse deine Deutungen noch einmal zusammen.

Schluss

**5** **a.** Lies noch einmal die Prüfungsaufgabe auf Seite 61.
**b.** Überprüfe deine Interpretation mit Hilfe der Checkliste.
**c.** Überarbeite, wenn es notwendig ist.

| *Checkliste: Ein Gedicht analysieren und interpretieren* | *ja* | *nein* |
| --- | --- | --- |
| *Habe ich in der Einleitung die Textsorte, den Titel und den Dichter genannt?* | | |
| *Habe ich zusammengefasst, worum es in dem Gedicht geht?* | | |
| *Habe ich im Hauptteil dargelegt, in welcher Situation sich das lyrische Ich befindet und welche Gefühle es hat?* | | |
| *Habe ich erläutert, welche Rolle die Natur im Gedicht spielt?* | | |
| *Habe ich wichtige Gestaltungsmittel genannt und ihre Wirkung beschrieben?* | | |
| *Bin ich auf den biografischen Zusammenhang eingegangen?* | | |
| *Habe ich im Schlussteil meine Deutungen zusammengefasst und dargestellt, wie das Gedicht auf mich wirkt?* | | |

# Texte überarbeiten

**Du überarbeitest Ausschnitte aus einer Schülerinterpretation des Gedichts „Willkommen und Abschied" von Johann Wolfgang von Goethe.**

**Tipp 1: Belege deine Aussagen mit Zitaten. Kennzeichne die Zitate.**

Am Ende der zweiten Strophe wandelt sich jedoch die Stimmung. Als Leser merkt man nun, wie sich das lyrische Ich auf die Geliebte freut.

**1** Belege die Aussage mit einem Zitat.
a. Finde eine passende Textstelle im Gedicht auf Seite 62.
b. Schreibe die Aussage mit dem Zitat auf.

**Tipp 2: Verwende treffende Verben. Vermeide Wiederholungen.**

In der dritten Strophe wird endlich das Treffen mit der Geliebten beschrieben. Diese Verse beschreiben das im Titel erwähnte „Willkommen". Das lyrische Ich beschreibt den „süßen Blick" (Vers 18) und das „liebliche Gesicht" (Vers 22) seiner Geliebten. In der letzten Strophe wird der schmerzliche Abschied am Morgen beschrieben.

**2** In dem Textabschnitt wiederholt sich ein Verb mehrfach.
a. Markiere die Verben.
b. Überarbeite den Text. Schreibe den überarbeiteten Text auf.
**Tipp:** Du kannst passende Wörter vom Rand auswählen.

darstellen, erklären, zeigen, verdeutlichen, schwärmen für, bewundern

**Tipp 3: Überprüfe die Zeichensetzung und korrigiere die Fehler.**

→ Der Rechtschreib-Check: hintere Umschlagseite

Die Natur die Geliebte und die Gefühle werden aus der Sicht des Liebenden dargestellt. Der Leser kann sich z. B. die Eiche die als „aufgetürmter Riese" (Vers 6) bezeichnet wird gut vorstellen. Weil das lyrische Ich am Ende seine Geliebte verlässt hat mich das Gedicht eher traurig gestimmt.

Kommas fehlen!

**3** Im Textabschnitt fehlen vier Kommas.
a. Setze die fehlenden Kommas. Wende dazu den Checkpunkt 6 des Rechtschreib-Checks an.
b. Schreibe den Text fehlerfrei in dein Heft.

# Berufsvorbereitung

## Ein Telefongespräch zur Bewerbung planen

Du planst ein Telefonat mit einem Betrieb, um zu erfahren,
ob es dort einen Ausbildungsplatz für dich gibt.

☞ Deine Notizen kannst du kopieren und im Berufswahl-Portfolio sammeln.

**Tipp 1: Notiere, was du zuerst sagen möchtest.**

**1** Wie beginnst du das Telefonat? Notiere:
- Wie stellst du dich am besten am Telefon vor?
- Wie formulierst du dein Anliegen?

> Guten Tag, mein Name ist …
> Im … werde ich … abschließen.
> Verbinden Sie mich bitte mit …
> Hätten Sie gerade Zeit für …
> Ich interessiere mich für … und möchte gern mit … sprechen / wissen, ob … / Ich hätte gern einige Informationen über …

**2** Formuliere Fragen zu folgenden Sachverhalten:
- vorhandener Ausbildungsplatz
- Anforderungen
- einzusendende Bewerbungsunterlagen
- Bewerbung schriftlich oder per E-Mail
- Ansprechpartner für die Bewerbungsunterlagen

> Ich wüsste gern, ob …
> Können Sie mir bitte sagen, ob … ?
> Welche … benötigen Sie?
> Auf welchem Wege möchten Sie … erhalten?
> Wer ist … / An wen kann ich … ?

**Tipp 2: Bereite dich auch auf Fragen vor, die dir gestellt werden könnten.**

**3** Schreibe einen Steckbrief mit wichtigen Angaben über deine Person.

*Stärken:*

*Schwächen:*

*Warum dieser Beruf?*

*Interessen:*

**4** Folgende Fragen können dir zum Beispiel in einem Telefonat gestellt werden. Notiere mögliche Antworten.

a) Was erwarten Sie von der Ausbildung?

b) Was glauben Sie, warum Sie für diesen Ausbildungsplatz geeignet sind?

c) Welche Vorstellungen haben Sie von Ihrer Zukunft nach der Ausbildung?

Tipp 3: **Manchmal wird erwartet, dass du nach einer angemessenen Zeit nachfragst. Damit zeigst du dein Interesse an der Stelle.**

**5** Bereite dich auf das Telefongespräch vor. Schreibe vollständige Sätze auf.
- Formuliere dein Anliegen.
- Erkundige dich nach dem weiteren Vorgehen im Rahmen deiner Bewerbung.
- Bedanke dich bei deinem Gesprächspartner.

Vor/Am … habe ich mich … beworben.
Ich rufe an, weil …
Können Sie mir schon …, ob/was …
Wann kann ich mit einer Entscheidung/Nachricht/weiteren Information … rechnen?
Für … danke ich Ihnen. / Haben Sie besten/vielen Dank für …

Tipp 4: **Genauso kannst du vorgehen, wenn du dich nach deiner abgeschlossenen Ausbildung um eine Stelle bewirbst.**

# Betreffzeilen formulieren

**Worum geht es denn in dem Brief oder in der E-Mail?**

| **Bewerbung für die Ausbildung zum Tischler**<br><br>Sehr geehrter Herr Weiß,<br><br>hiermit bewerbe ich mich um einen Ausbildungsplatz zum Tischler in Ihrer Möbeltischlerei. … | **Bitte um Informationen über FSJ-Stellen**<br><br>Sehr geehrte Damen und Herren,<br><br>ab Herbst 2016 möchte ich gern ein Freiwilliges Soziales Jahr machen. Ich bitte Sie, mir einige Informationen über die FSJ-Stellen Ihrer Organisation zu schicken. … |
|---|---|

**1** Worauf beziehen sich die beiden Betreffzeilen? Markiere in den Texten die passenden Wortgruppen.

**In der Betreffzeile wird das Verb meist nominalisiert.**

**Merkwissen**

In der **Betreffzeile** eines Schreibens wird der **Inhalt stichwortartig zusammengefasst**. So erfährt der Empfänger, worum es geht, ohne erst den ganzen Brief zu lesen.

**2** Schreibe mit Hilfe der folgenden Wortgruppen Betreffzeilen auf.
**Tipp:** Nominalisiere die Verben in den Wortgruppen.

um eine Nachricht bitten — *Bitte um* ______

die Teilnahme zusagen ______

zum Referat fragen ______

einen Termin für das Treffen vorschlagen ______

einen Termin bestätigen ______

**3** Formuliere zu den folgenden offiziellen Briefen treffende Betreffzeilen.

______

Sehr geehrte Frau Weiß,

vielen Dank für Ihre Nachricht mit der Einladung zu einem Beratungsgespräch.
Gern bestätige ich den von Ihnen vorgeschlagenen Termin. …

______

Liebe Freundinnen und Freunde des Basketballklubs,

leider muss ich unser Basketballspiel am kommenden Samstag absagen, da die gegnerische Mannschaft aus gesundheitlichen Gründen nicht antreten kann. …

# Der tabellarische Lebenslauf

**Der Lebenslauf enthält wichtige Daten zu deiner Person.**
**Die Angaben über Interessen sollten zu dem gewählten Beruf passen.**

**1** Anita bewirbt sich um einen Ausbildungsplatz als Raumausstatterin.
Ergänze Anitas Lebenslauf mit Angaben vom Rand.
Überlege:
- Welche Angaben sind für die Bewerbung geeignet?
- Welche Angaben sind unpassend? Streiche sie durch.

Nähen, Zeichnen, Mode-AG, Mathematik, Kunst, Hockey, März 2015 im Möbelgeschäft „Junges Wohnen" in Bonn, gute Englischkenntnisse, Internet, Textverarbeitung, Telefonieren

## Lebenslauf

**Persönliche Daten**

| | |
|---|---|
| Name | Anita Shresta |
| Geburtsdatum | 17.05.2001 |
| Geburtsort | Bonn |
| Anschrift | Rheinstraße 111<br>53117 Bonn |
| Telefon | 0228/38XX7 |
| E-Mail | anita.shresta@mail.de |

**Schulbildung**

| | |
|---|---|
| Grundschule: | 2007–2011 Astrid-Lindgren-Grundschule |
| Weiterführende Schule: | seit 2011 Gesamtschule Rheinland |
| Lieblingsfächer: | ____________________ |
| Schulische Aktivitäten: | ____________________ |
| Schulabschluss (voraussichtlich): | Mittlerer Abschluss 2016 |

**Interessen und Kenntnisse**

| | |
|---|---|
| Kenntnisse: | ____________________<br>____________________ |
| Praktikum: | ____________________<br>____________________ |
| Hobbys: | ____________________ |

Bonn, 15.03.2016

*Anita Shresta*

**2** Schreibe nun deinen eigenen tabellarischen Lebenslauf.
**Tipp:** Du kannst Anitas Lebenslauf als Muster verwenden.

# Sich per E-Mail bewerben

**Für eine Bewerbung per E-Mail benötigst du die gleichen Unterlagen wie für eine Bewerbung per Post. Zusätzlich verfasst du ein Anschreiben als E-Mail.**

An: joana.kunze@raumausstatter-werkstatt.de — 1

Cc:

Betreff: **Bewerbung um einen Ausbildungsplatz als Raumausstatterin** — ☐

Anlage: pdf Bewerbung_Anita_Shresta.pdf — ☐

Sehr geehrte Frau Kunze, — ☐

mit Bezug auf unser Telefonat vom 24.02.2016 bewerbe ich mich nun um den angebotenen Ausbildungsplatz in Ihrem Betrieb.
Im Herbst 2015 habe ich ein vierwöchiges Praktikum in einem Möbelgeschäft absolviert und dort die Arbeit der Raumausstatter und Bodenleger kennen gelernt. Ich interessiere mich besonders für Stoffe und habe ein Auge für die schöne Gestaltung von Räumen.
Meine Bewerbungsunterlagen sende ich Ihnen in der Anlage.

Für weitere Fragen stehe ich Ihnen gern zur Verfügung.

Mit freundlichen Grüßen — ☐

Anita Shresta

------------

Anita Shresta, Rheinstraße 111, 53117 Bonn — ☐
Tel.: 0228/38XX7, E-Mail: anita.shresta@mail.de

**1** Anita bewirbt sich per E-Mail um eine Ausbildungsstelle.
- a. Lies die Tipps für eine Bewerbung per E-Mail.
- b. Ordne fünf Tipps den passenden Teilen der Bewerbungs-E-Mail zu.
  **Tipp:** Zwei Tipps beziehen sich auf den ganzen Text.

**Tipps für die Bewerbung per E-Mail**

1 Sende deine E-Mail an einen konkreten Ansprechpartner in der Firma. Du kannst telefonisch nachfragen, wer für die Auszubildenden zuständig ist.
2 Formuliere die Betreffzeile aussagekräftig.
3 Schreibe deine Kontaktdaten in den Fuß der E-Mail. Verwende eine seriöse E-Mail-Adresse, die deinen Namen enthält.
4 Hänge Anschreiben, Lebenslauf und eingescannte Zeugnisse als PDF an. Benenne die Dateien aussagekräftig. Du kannst die Dokumente auch in einem PDF zusammenfassen.
5 Deine E-Mail sollte formal richtig sein. Verwende eine höfliche Anrede und Grußformel.
6 Deine E-Mail sollte fehlerfrei sein. Schreibe die höfliche Anrede *Sie*, *Ihr*, *Ihnen* groß.
7 Nutze in der E-Mail eine Standardschriftart. Vermeide besondere Formatierungen.

# Ein Bewerbungsschreiben überarbeiten

Elias bewirbt sich per E-Mail um eine Ausbildung zum Raumausstatter.
Du überarbeitest sein Bewerbungsschreiben.

An: ahmed.karatas@die-raumausstatter.de

Cc:

Betreff: **Meine Bewerbung**

Anlage: pdf Lebenslauf-usw.pdf

Hallo Herr Karatas

durch eine Werbebroschüre bin ich auf Ihren Betrieb aufmerksam geworden. Ich habe dann auf ihrer Internetseite gesehen dass sie drei Ausbildungplätze anbieten. Während eines Praktikums in einer Möbelwerkstatt konnte ich bereits die Arbeit des Polsterers kennen lernen. In der Theater-AG unserer Schule war ich im lezten Jahr für das Bühnenbild zustendig. Da mir handwerkliche Arbeit sehr liegt, würde ich gern eine ausbildung als Raumausstatter bei Ihnen machen. Meine Bewerbungsunterlagn sende ich Ihnen in der Anlage.

Viele Grüße

Elias Smirnow

Elias Smirnow, Musterstraße 20, 45899 Gelsenkirchen
Tel. 0172/13XX255, E-Mail elias.smirnow@mail.de

**Achtung: Fehler!**

**1** Überprüfe das Anschreiben von Elias mit Hilfe der Tipps von Seite 72.
a. Markiere die formalen Fehler.
b. Finde sieben Rechtschreibfehler. Streiche die Fehlerwörter durch.
c. Setze die zwei fehlenden Kommas.

→ Der Rechtschreib-Check: hintere Umschlagseite

**2** Schreibe einen Vorschlag auf:
- Wie kann Elias seine Betreffzeile formulieren?
- Wie sollte er die PDF-Datei benennen, die er in der Anlage sendet?

*Betreff:* ______

*Anlage:* ______

**3** Schreibe das überarbeitete Bewerbungsschreiben fehlerfrei auf, z. B. für dein Berufswahl-Portfolio.
**Tipp:** Du kannst den Text in dein Heft oder am Computer schreiben.

**4** Schreibe dein eigenes Bewerbungsschreiben.
Beziehe dich auf deinen Ausbildungswunsch und verwende deine persönlichen Angaben.

# Für Einstellungstests üben

**Viele Betriebe prüfen das Grundwissen der Bewerber in Einstellungstests. Hier kannst du Aufgaben üben, die in solchen Tests vorkommen können.**

Achtung: Fehler!

**1** a. Sind die Wörter richtig oder falsch geschrieben? Kreuze an.
b. Schreibe alle Wörter richtig auf die Linien.

| | richtig | falsch | |
|---|---|---|---|
| das Abschlusszeugnis | ☐ | ☐ | ________ |
| der Urlaubsantrak | ☐ | ☐ | ________ |
| der Ausbildungvertrag | ☐ | ☐ | ________ |
| das Weinachtsgeld | ☐ | ☐ | ________ |

**2** a. Finde in jeder Reihe die richtige Schreibweise des Wortes. Kreuze an.

| | | | |
|---|---|---|---|
| ☐ ausfülen | ☐ ausfüllen | ☐ ausfühlen | ☐ ausfülln |
| ☐ Gebäudereiniger | ☐ Gebeudereiniger | ☐ gebäudereinieger | ☐ Gebäudereinger |
| ☐ telefoniren | ☐ tehlefonieren | ☐ Telefohnieren | ☐ telefonieren |
| ☐ stresstest | ☐ Stresstest | ☐ Streßtest | ☐ Stresstesst |

b. Schreibe die vier Wörter richtig auf. Ergänze bei den Nomen die Artikel.

________________

**3** Ergänze im Text passende Wörter vom Rand.

In unserem ________ wird die Mitbestimmung großgeschrieben. Zweimal im Jahr findet eine ________ statt, auf der wir mit den ________ sprechen. Dabei fragen wir nach der ________ bei der Arbeit. Auch an ________ und ________ sind wir interessiert.

Betrieb
Mitarbeitern
Kritik
Verbesserungs-vorschlägen
Versammlung
Zufriedenheit

**Auch Fragen zum Allgemeinwissen können in Einstellungstests vorkommen.**

**4** Beantworte die folgenden Fragen.

a) Wie heißt die Hauptstadt von Nordrhein-Westfalen? ________
b) Welches Meer liegt zwischen Europa und Amerika? ________
c) Wie bezeichnet man in Deutschland das Staatsoberhaupt? ________
d) Wie viele Bundesländer hat die Bundesrepublik? ________

# Zusammengesetzte Nomen

**Sabrina und Johan bereiten in der Werkstatt eine Lieferung vor.**

**Johan:** Sabrina, kannst du mir mal eben einen Möbelhund holen?
Sie stehen dort in der Ecke.
**Sabrina:** Hört sich ja komisch an. Was ist das denn?
**Johan:** Ein Rollbrett, mit dem man schwere Sachen transportieren kann.
Ich kenne den Begriff auch erst, seit ich hier die Ausbildung mache. Ach ja,
gib mir doch bitte auch den Streifenschneider.
**Sabrina:** Manche Wörter kann man sich leicht erklären.
Ich arbeite manchmal an der Knopfmaschine, einer Maschine,
die Knöpfe mit Stoff bezieht.

**1** Im Text findest du vier zusammengesetzte Nomen.
a. Markiere sie.
b. Trenne sie in ihre Wortbestandteile und schreibe diese auf.

*der Möbelhund: die Möbel + der Hund, das Rollbrett: rollen +*

**2** Wie heißen die Werkzeuge?
Ordne jedem Bild ein zusammengesetztes Nomen vom Rand zu.

die Andrückrolle
das Delfinmesser
die Spitzklingen

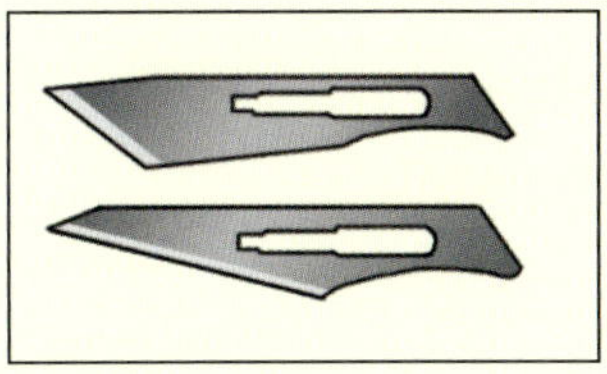

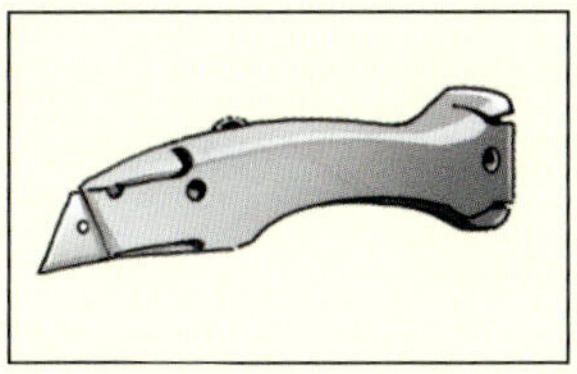

**Zusammengesetzte Nomen können aus Nomen + Nomen, Verb + Nomen und Adjektiv + Nomen bestehen.**

**3** Wie werden die Nomen gebildet?
Ordne die zusammengesetzten Nomen aus Aufgabe 2 in die Tabelle ein.

| Nomen + Nomen | Verb + Nomen | Adjektiv + Nomen |
|---|---|---|
| | | |

**4** Bilde aus den Verben und Nomen vom Rand sinnvolle zusammengesetzte Nomen. Schreibe sie mit den Artikeln auf.
**Tipp:** Bei den Verben wird die Endung **-en** weggelassen.

| | |
|---|---|
| binden | der Stoff |
| kleben | die Seife |
| schleifen | der Faden |
| schmieren | der Stein |

# Die Zeitformen der Verben

**Du wiederholst die Zeitformen der Verben und erstellst dir eine Übersicht.**

## Der Besuch in der Pizzeria

Gestern trafen sich Meltem, Lisa und Jan bei ihrem Lieblingsitaliener. Allerdings herrscht dort gerade am Wochenende immer viel Betrieb. Vor einiger Zeit hatten sie schon einmal die Erfahrung gemacht, dass am Freitagabend alle Tische besetzt waren. „Da haben wir aber Glück gehabt", rief Meltem, als sie in der Ecke noch drei freie Plätze fanden. „Nächstes Mal werde ich einen Tisch für uns vorbestellen", versprach Jan.

**1** a. Markiere die Verbformen im Text.
b. Schreibe die Verbformen zusammen mit einem Personalpronomen neben die passende Definition in die Tabelle.

| Definition | Verbformen |
|---|---|
| **Präsens:** über etwas sprechen, das jetzt oder regelmäßig geschieht | |
| **Präteritum:** über Vergangenes schriftlich erzählen oder berichten | *sie trafen* |
| **Perfekt:** über Vergangenes mündlich erzählen | |
| **Plusquamperfekt:** über einen Vorgang sprechen, der vollendet war, bevor ein anderer begann | |
| **Futur:** über Dinge sprechen, die in der Zukunft liegen | |

**2** Ergänze die Verben vom Rand in der richtigen Zeitform.

## Wie kam die Pizza Margherita zu ihrem Namen?

Der König von Italien ____________ eines Tages auch einmal Pizza probieren. Am 11. Juni 1889 ____________ er und seine Frau sich von dem Pizzabäcker Esposito verschiedene Pizzen in den Palast schicken. Eine Pizza ____________ Esposito mit Basilikum, Mozzarella und Tomate ____________, grün, weiß, rot – wie die italienische Flagge. „Diese Pizza ____________ mir am besten ____________", schwärmte die Königin nach dem Essen und ____________ den Pizzabäcker. Also ____________ der clevere Esposito die Pizza auf den Namen der Königin: Margherita! Die „Margherita" ____________ heute zu den beliebtesten Pizzen.

wollen
lassen
belegen
schmecken
loben
taufen
gehören

# Das Passiv verwenden

**Dominik erzählt von seinen Tätigkeiten als Azubi im Pflegeheim.**

In der Frühschicht wasche ich ab 6:30 Uhr die bettlägerigen Bewohner. Um 8 Uhr teile ich das Frühstück und die Medikamente aus. Je nach Wunsch frisiere oder dusche ich die Bewohner im Laufe des Vormittags. Gegen 12 Uhr serviere ich das Mittagessen. Um 14 Uhr werden die Aufgaben für den nächsten Tag besprochen. Wenn ich Spätschicht habe, teile ich ab 14:30 Uhr Kaffee oder Tee und dazu Kuchen aus.
Zwischen dem Kaffeetrinken und dem Abendessen bieten wir verschiedene Aktivitäten an.

**1** Im Text ist ein Satz im Passiv hervorgehoben.
a. Schreibe den Satz in die Tabelle.
b. Wie unterscheidet sich der Satz im Aktiv von dem Satz im Passiv?
Markiere die Unterschiede.

| | |
|---|---|
| Aktiv | Um 14 Uhr besprechen wir die Aufgaben für den nächsten Tag. |
| Passiv | |

**Für eine Broschüre des Pflegeheims schreibt Dominik auf, was jeden Tag getan wird.**

**2** Wie läuft ein Tag im Pflegeheim ab?
Schreibe den Text von Aufgabe 1 um.
- Verwende das Passiv.
- Nenne den Vorgang, aber nicht, **wer** ihn ausführt.

**Tipp:** Markiere zuerst im Text die Verben.

**Merkwissen**

Das Passiv beschreibt, was mit einer Person oder einem Gegenstand getan wird.
Das Passiv bildest du mit einer Form von **werden** und dem **Partizip Perfekt:**
es ***wird angeboten.***

So verläuft ein Tag im Pflegeheim:

*In der Frühschicht werden ab 6:30 Uhr die bettlägerigen Bewohner gewaschen.*
*Um 8 Uhr werden*

# Die indirekte Rede

**Die Klasse 10 b hat über das Thema „Noten" diskutiert. Hakan fasst nun die Diskussionsbeiträge im Protokoll zusammen.**

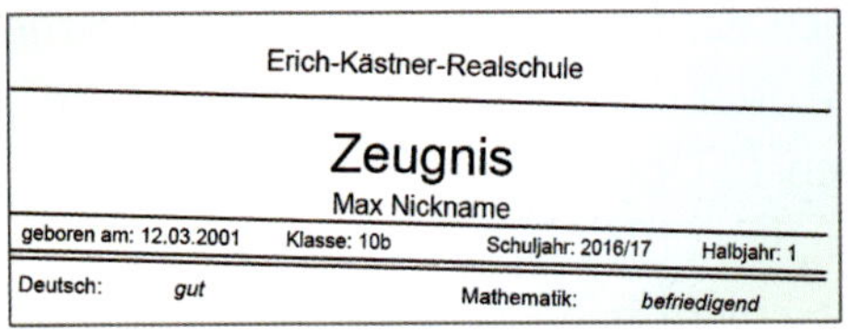

Erich-Kästner-Realschule

Zeugnis

Max Nickname

geboren am: 12.03.2001 Klasse: 10b Schuljahr: 2016/17 Halbjahr: 1

Deutsch: *gut* Mathematik: *befriedigend*

Jannis sagte, dass die Benotung Vorteile und Nachteile habe. Er kenne eine Schule, in der es bis zur 9. Klasse keine Noten gebe. Dort seien die Schülerinnen und Schüler daran gewöhnt, ohne Notendruck zu lernen. Allerdings gab er zu, dass er trotzdem für Zensuren sei. So könne man sich selbst besser einschätzen.

**1** a. Markiere im Text die Verbformen im **Konjunktiv I**.
b. Trage die Konjunktivformen in die Tabelle ein.

| Indikativ | Konjunktiv I |
|---|---|
| sie hat | *sie habe* |
| er kennt | |
| es gibt | |
| sie sind | |
| er ist | |
| man kann | |

**Merkwissen**

Wenn du wiedergeben möchtest, was jemand gesagt hat, verwendest du häufig die **indirekte Rede**.
Wenn sich in der **indirekten Rede** der **Konjunktiv I** nicht vom Indikativ unterscheidet, verwendest du den **Konjunktiv II**.

**2** Ergänze im zweiten Teil des Protokolls die Konjunktivformen.
Verwende die Verben vom Rand.
**Tipp:** Einmal musst du den **Konjunktiv II** bilden.

finden
sehen
sein
verstärken
wünschen

Milena sagte, dass sich natürlich jeder gute Noten ______________ .

Sie ______________ Zensuren jedoch eher schädlich, weil sie

oft entmutigend ______________ . Sie ______________ deshalb die Gefahr,

dass Zensuren Misserfolge ______________ .

**3** Formuliere Glorias Äußerung für das Protokoll in indirekter Rede.
**Tipp:** Eine Form im **Konjunktiv I** gleicht dem Indikativ. Verwende hier den **Konjunktiv II**.

*Gloria sagte,* ______________

______________

______________

______________

______________

______________

______________

Schüler der höheren Klassen sin
meist für eine Benotung, weil s
später auch in der Berufsschul
Noten bekommen. Ich stimme Ja
zu. Für die Selbsteinschätzung s
Noten hilfreich. Man darf sie ab
nicht überbewerten.

# Die Wortarten bestimmen

Du wiederholst die wichtigen Wortarten und erstellst dir eine Übersicht.

## Kleine Stadtgeschichte aus Berlin

Es herrscht Aufregung am Bahnsteig, als die S-Bahn einfährt. Eine größere Gruppe Jugendlicher steuert ein und dieselbe Tür an. Sie möchten gemeinsam im ersten Abteil sitzen. Da ertönt aus den Lautsprechern der kluge Rat des Fahrers: „Das ist hier doch kein Adventskalender. Ihr könnt ruhig alle Türen aufmachen."

**1** a. Schreibe die hervorgehobenen Wörter in der Grundform neben die passende Definition in die Tabelle.
b. Ergänze Beispiele vom Rand. Schreibe die Wörter in der Grundform und die Nomen mit Artikeln auf.

| Definition | Beispiele |
|---|---|
| **Nomen** bezeichnen Lebewesen, Gegenstände und gedachte oder vorgestellte Dinge. | *der Bahnsteig* |
| **Artikel** begleiten Nomen. | |
| **Adjektive** beschreiben Personen, Tiere oder Gegenstände genauer. | |
| **Verben** geben an, was jemand tut oder was geschieht. | |
| **Konjunktionen** (Bindewörter) verbinden Sätze oder Wortgruppen. | |
| **Präpositionen** (Verhältniswörter) drücken aus, wo etwas ist, wohin es kommt, wann oder warum etwas geschieht. | |
| **Pronomen** können Nomen oder Wortgruppen ersetzen, sagen, wem etwas gehört, oder auf etwas hinweisen. | |

**Beispiele:**
auf, Bücher, schläfst, du, weil, die, wir, kluge, dass, Schule, ein, neben, nett, ging, über, Witz, sich, obwohl, bei

**2** Bestimme die Wortart der hervorgehobenen Wörter.

## Der Schwächeanfall

*Nomen*
Sprechstunde beim Hausarzt. Der 16-jährige Patient betritt das Sprechzimmer und lässt sich in den Stuhl fallen. Warum er komme, möchte der Doktor wissen. Die Antwort des jungen Mannes lautet: „Stark erhöhte Bocklosigkeit."

# Die Satzglieder bestimmen

**Du wiederholst die häufigsten Satzglieder und erstellst dir eine Übersicht.**

## Der erste Tag

Anna freut sich auf ihren ersten Ausbildungstag. Sie trifft um 6:50 Uhr im Betrieb ein. Zuerst bringt sie ihre Unterlagen ins Personalbüro. Im Empfangsraum begrüßt die Chefin die neuen Azubis. Der Ausbildungsleiter zeigt den Neuen die moderne Werkstatt. Ein Azubi im dritten Lehrjahr beantwortet ihnen viele Fragen.

**Mit Hilfe der Umstellprobe erkennst du, welche Wörter und Wortgruppen zu einem Satzglied gehören.**

**1** Im Text ist ein Satz hervorgehoben.
a. Mache die Umstellprobe mit diesem Satz. Schreibe zwei Sätze auf.
b. Zeichne dann die Satzgliedgrenzen ein.

*Die neuen Azubis / begrüßt /*

**Durch Fragen kannst du Subjekt, Prädikat und Objekt in einem Satz erkennen.**

**2** Wer tut was? Beantworte die folgenden Fragen zum Text.
**Tipp:** Markiere die Antworten im Text.

Wer oder was zeigt den Neuen die moderne Werkstatt? ______

Was tut der Ausbildungsleiter? *zeigt*

Wen oder was zeigt der Ausbildungsleiter den Neuen? ______

Wem zeigt der Ausbildungsleiter die moderne Werkstatt? ______

Auf was freut sich Anna? ______

**3** Ordne deine Antworten aus Aufgabe 2 in die Tabelle ein.

| Satzglieder | Fragen | Beispiele |
|---|---|---|
| Subjekt | Wer oder was? | |
| Prädikat | Was tut? | *zeigt* |
| Akkusativobjekt | Wen oder was? | |
| Dativobjekt | Wem? | |
| Präpositionalobjekt | Über was? Auf was?<br>Für was? Mit was? | |

**Auch adverbiale Bestimmungen sind Satzglieder. Sie beschreiben z. B., wann, wo, wie oder warum etwas geschieht.**

## Sicherheit am Arbeitsplatz

Ein wichtiges Thema in der Ausbildung ist die Sicherheit am Arbeitsplatz. Schon in der ersten Woche werden in der Werkstatt die Maschinen und Werkzeuge erklärt und die Sicherheitsvorschriften ausführlich besprochen. Wegen des Gesundheitsschutzes sollen die Azubis über alle möglichen Gefahrenquellen am Arbeitsplatz Bescheid wissen.

**4** Beantworte die folgenden Fragen. Unterstreiche die Antworten im Text.
**Tipp:** Du findest die Antworten in verschiedenen Sätzen.
- **Wann** werden die Maschinen und Werkzeuge erklärt?
- **Wo** werden die Maschinen und Werkzeuge erklärt?
- **Warum** sollen die Azubis über alle Gefahrenquellen Bescheid wissen?
- **Wie** werden die Sicherheitsvorschriften besprochen?

**5** Ordne deine Antworten aus Aufgabe 4 in die Tabelle ein.

| Adverbiale Bestimmung | Fragen | Beispiele |
|---|---|---|
| – der Zeit | Wann? Wie lange? | |
| – des Ortes | Wo? Wohin? | |
| – der Art und Weise | Wie? | |
| – des Grundes | Warum? | |

**6** Bestimme nun die Satzglieder in den folgenden Sätzen.
**a.** Kennzeichne die Satzglieder mit den Symbolen von Seite 80.
**b.** Schreibe die grammatischen Fachbegriffe darüber.
**Tipp:** Du kannst geeignete Abkürzungen für die adverbialen Bestimmungen verwenden, z. B. Zeit, Ort, Art u. Weise, Grund.

*Subjekt*
Bülent zeigt dem Azubi heute die Kreissäge.

Wegen des Lärms tragen sie einen Gehörschutz.

**Das Attribut ist Teil eines Satzglieds und gibt nähere Informationen zu einem Nomen. Es kann vor oder nach dem Nomen stehen.**

**7** **a.** Markiere in den folgenden Sätzen vier Attribute.
**b.** Zu welchen Satzgliedern gehören die Attribute? Rahme die Satzglieder ein.

In den vorderen Verkaufsräumen werden die Kunden der Firma beraten.

Anna führt einer interessierten Kundin Gardinenstoffe der neuen Saison vor.

# Satzgefüge verwenden

**Du wiederholst die Satzgefüge und erstellst dir eine Übersicht.**

## Die Kork-Yogis

In Berlin sollten Touristen öfter mal nach oben schauen, weil man auf vielen Straßenschildern kleine Figuren entdecken kann. Es sind sogenannte Kork-Yogis, die der Yogalehrer Josef Foos aus Kork und Holzspießen bastelt. Sie nehmen alle eine bestimmte Yogaposition ein. Foos, der sich von einem Londoner Künstler anregen ließ, hat inzwischen über 1000 Yogis auf den Schildern angebracht. Obwohl man Straßenschilder eigentlich nicht bekleben darf, duldet das Ordnungsamt seine Kunstaktion. Berliner berichten jedoch, dass manche Yogis schon nach kurzer Zeit wieder verschwunden sind. Wenn ein Exemplar besonders schön ist, nehmen Sammler es manchmal einfach mit. Freunde und Bekannte kommen oft mit Korken in Foos' Werkstatt, während er neue Yogis zusammenbaut.

**1** Im Text kommen Nebensätze mit Konjunktionen und Relativpronomen vor.
- a. Unterstreiche alle Nebensätze.
- b. Markiere die Konjunktionen und Relativpronomen.
- c. Schreibe zu jeder Definition einen Beispielsatz aus dem Text in die Tabelle.

**Merkwissen**

Mit Hilfe eines **Bindewortes** (einer Konjunktion) oder eines **Relativpronomens** kann man Sätze verbinden. Es entsteht ein **Satzgefüge**.

| Definition | Beispielsätze |
| --- | --- |
| Nebensätze mit **weil** geben eine Begründung an. | *In Berlin sollten Touristen öfter mal nach oben schauen, weil man auf vielen Straßenschildern kleine Figuren entdecken kann.* |
| Nebensätze mit **wenn** geben eine Bedingung an. | |
| Nebensätze mit **dass** folgen oft nach den Verben **sagen**, **denken**, **meinen**, **glauben**. | |
| Nebensätze mit **obwohl** schränken die Aussage des Hauptsatzes ein. | |
| Nebensätze mit **als**, **bevor**, **nachdem**, **während** ordnen das Geschehen zeitlich ein. | |
| Relativsätze erklären ein Nomen im Hauptsatz genauer. | |

**Mit einer Konjunktion kannst du zwei Hauptsätze zu einem Satzgefüge verbinden.**

**2** Begründe die Aussage: Die Herstellung der Figuren ist nicht ganz einfach.
a. Wähle einen Satz vom Rand aus.
b. Schreibe ein Satzgefüge mit der Konjunktion **weil** auf.

Foos muss den Yogis Knie- und Ellbogengelenke basteln. Sie müssen stabil und wasserfest sein.

**3** Schränke die Aussage ein: Josef Foos bastelt weiter neue Kork-Yogis.
a. Wähle einen Satz vom Rand aus.
b. Schreibe ein Satzgefüge mit der Konjunktion **obwohl** auf.

Manche Figuren werden von Sammlern einfach mitgenommen.
Die Figuren werden auch durch Regen und Sturm beschädigt.

**Mit Relativsätzen kannst du Wiederholungen vermeiden.**

**4** Verbinde die Satzpaare zu einem Satzgefüge mit Relativsatz.
Schiebe den Relativsatz in den Hauptsatz ein.
**Tipps:** Für das Satzgefüge und den Relativsatz gibt es zwei Möglichkeiten.
Denke an die Kommas.

Josef Foos möchte den Leuten mit seinen Figuren eine Freude machen.
Josef Foos hat inzwischen auch Angler, Skater und Musiker aus Kork gebastelt.

*Josef Foos, der*

Die Kork-Yogis findet man auf Straßenschildern in der ganzen Stadt.
Die Kork-Yogis kann man sich auch im Internet ansehen.

# Wissenswertes auf einen Blick

## In Prüfungen gute Ergebnisse erzielen

Mit der richtigen Strategie holst du bei jeder Prüfung aus deiner Vorbereitung das bestmögliche Ergebnis heraus.

1. Verschaffe dir einen **Überblick** darüber, was du leisten sollst. **Überfliege** dazu alle **Materialien**, **Schreibaufträge** und **Einzelaufgaben**.
2. **Lies Schreibaufträge** genau, damit du weißt, worauf du beim Lesen der Materialien achten musst.
3. **Teile** deine verbleibende **Bearbeitungszeit** auf die Schritte 4 bis 8 **ein**.
4. **Lies die Materialien** in Ruhe durch. Nutze dabei den Textknacker.
5. **Bearbeite die Einzelaufgaben**. Lies sie vorher genau. Tipp: Überspringe die für dich vorerst „unlösbaren" Aufgaben. – Bearbeite sie zum Schluss in deiner Reservezeit.
6. **Bearbeite deinen Schreibauftrag.** Nutze dafür geeignete Arbeitstechniken.
7. **Überarbeite dein Ergebnis** zu dem Schreibauftrag (mit Checklisten). Achte auf die Rechtschreibung, die Grammatik und deinen Stil.
8. **Kontrolliere deine Lösungen** zu den Einzelaufgaben.
9. **Nutze deine Reservezeit.** Bearbeite zuvor ausgelassene Aufgaben.

→ Übungen dazu Seiten 15–19, 30–35, 43–45, 56–5

## Der Aufgabenknacker

1. Schritt: Du **liest** die Aufgabe genau.
2. Schritt: Du überlegst: Was gehört alles zur **Lösung** der Aufgabe?
Einige Aufgaben bestehen aus **Teilaufgaben**. Bearbeite jede Teilaufgabe einzeln.
3. Schritt: Du gibst die Aufgabe **mit eigenen Worten** wieder.
Diese **Verben** sagen dir, was du tun sollst:

| | |
|---|---|
| **Beschreibe ...** | Ich soll sagen, wie etwas aussieht oder abläuft. |
| **Fasse zusammen ...** | Ich soll die wichtigsten Informationen wiedergeben. |
| **Analysiere/Untersuche ...** | Ich soll Besonderheiten finden und formulieren. |
| **Erkläre ...** | Ich soll Zusammenhänge herstellen. |
| **Begründe ...** | Ich soll Gründe für etwas finden und nennen. |
| **Belege ...** | Ich soll Beispiele finden. |
| **Beziehe dich auf ...** | Ich soll eingehen auf ... |
| **Erläutere ...** | Ich soll Vorgänge aufzeigen und veranschaulichen. |

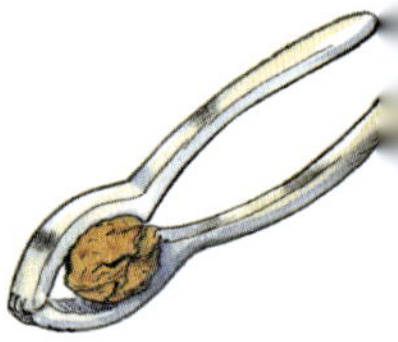

→ Übungen daz Seiten 21, 3 46, (

## Eine Grafik oder ein Schaubild erschließen

Eine Grafik kann ein Schaubild, eine Tabelle, ein Diagramm oder ... sein. Grafiken können **zusätzliche Informationen** zu Sachtexten enthalten.

1. Schritt: Vor dem Lesen
**Du siehst dir die Grafik als Ganzes an.**
- Lies die **Überschrift** der Grafik und benenne das **Thema**.

2. Schritt: Das erste Lesen
**Du siehst dir die Grafik genauer an und liest die Angaben.**
- Lies die **Erklärungen**, z. B. die Legende.
- **Form**: Welche Form hat die Grafik?
- **Quelle**: Wer hat die Grafik veröffentlicht?
- **Beschriftung**: Welche Angaben liest du?

3. Schritt: Die Grafik genau untersuchen
**Du untersuchst und beschreibst einzelne Informationen.**
- **Entnimm** der Grafik die verschiedenen **Informationen**.

4. Schritt: Nach dem Lesen
- **Erkläre** mit eigenen Worten, was in der Grafik dargestellt ist.

→ Übungen da Seiten 12–14, 22–26, 32

# Informierendes und argumentierendes Schreiben

## Einen informierenden Text verfassen

Mit einem informierenden Text kannst du andere über ein Thema informieren.

1. Schritt: Die Prüfungsaufgabe lesen und verstehen
   - Lies die Prüfungsaufgabe **genau** und in Ruhe. Wende den **Aufgabenknacker** an.
   - Mache dir **Notizen**.
2. Schritt: Informationen zum Thema sammeln
   - Sammle **Informationen aus Büchern** oder aus dem Internet.
   - Lies die Texte mit dem **Textknacker**.
   - Notiere **Stichworte** zu deinem Thema.
3. Schritt: Die Informationen auswählen und ordnen
   - **Wähle** wichtige und interessante Informationen für die Leser aus.
   - **Ordne** die Informationen in eine sinnvolle Reihenfolge.
4. Schritt: Den Text gliedern und schreiben
   - Stelle in der **Einleitung** dein Thema vor.
   - Formuliere im **Hauptteil** aus deinen Stichworten zusammenhängende Sätze.
   - Schreibe zum **Schluss** einen zusammenfassenden Satz oder eigene Gedanken auf.
   - Schreibe eine passende **Überschrift** auf.
5. Schritt: Die Quellen angeben
   - Schreibe auf, **woher die Informationen** in deinem Text **stammen**.
6. Schritt: Den Text überprüfen und überarbeiten
   - Wende die Arbeitstechnik „Einen Text überarbeiten" an.

→ Übungen dazu: Seiten 21–27, 30–33

## Pro- und Kontra-Argumente sammeln

Meinung
Argument
Beispiel

Wenn du eine **Meinung** vertreten willst, **begründe** sie mit Argumenten.

- Finde **Pro-Argumente**, wenn du dafür bist.
- Finde **Kontra-Argumente**, wenn du dagegen bist.
- **Sammle** deine Argumente in einer **Tabelle**.
- Finde passende **Beispiele** zu deinen Argumenten.

## Schriftlich Stellung nehmen

Gliedere deine Stellungnahme in drei Teile.

1. **Die Einleitung:**
   - Nenne das Thema.
   - Schreibe auf, warum du Stellung nimmst.
   - Schreibe dann deine Meinung.
2. **Der Hauptteil:**
   - Begründe deine Meinung mit Argumenten.
   - Veranschauliche deine Argumente mit Beispielen.
   - Hebe dein stärkstes Argument bis zum Schluss auf.
   - Gehe auf Gegenargumente ein. Entkräfte sie möglichst.
3. **Der Schluss:**
   - Fasse deine begründete Meinung noch einmal kurz zusammen.
   - Formuliere eine Schlussfolgerung.
   - Rege deine Leserinnen und Leser zur weiteren Diskussion an.

→ Übungen dazu: Seiten 37–41, 43–44

# Literarische Texte analysieren

## Eine Geschichte interpretieren

Mit einer Interpretation zeigst du, dass du die Geschichte verstanden hast.

- Du **fasst** den **Inhalt** und die Ergebnisse deiner **Analyse zusammen**.
- Du **deutest** das Geschehen und **belegst** deine Deutung mit passenden Textstellen.
- Du schreibst im **Präsens**.

**1. Einleitung:** Du nennst den Titel, die Autorin oder den Autor, die Textart.
Du fasst den Inhalt knapp und in der richtigen Reihenfolge zusammen.

**2. Hauptteil:** Du analysierst den Inhalt, die Gestaltung und die Sprache.

- Nenne wichtige Handlungsschritte der Geschichte.
- Nenne wichtige Eigenschaften der Figuren. Begründe, woran du sie erkannt hast.
- Erkläre wichtige Merkmale der Geschichte.
  Berücksichtige bei Kurzgeschichten die besonderen Merkmale von Kurzgeschichten.
- Erkläre sprachliche Besonderheiten und wie sie auf dich wirken.

**3. Schluss:** Du fasst die Ergebnisse deiner Analyse zusammen.
Du bewertest die Geschichte und schreibst deine Meinung auf.

→ Übungen daz
Seiten 46–53, 56–5

## Ein Gedicht interpretieren

Mit einer Interpretation zeigst du, dass du das Gedicht verstanden hast.

- Du **fasst** den **Inhalt** und die Ergebnisse deiner **Analyse zusammen**.
- Du **deutest** den **Inhalt** und die **Form** und **belegst** deine Deutung mit passenden Textstellen aus dem Gedicht.
- Du schreibst im **Präsens**.

**1. Einleitung:** Du nennst den Titel, die Dichterin oder den Dichter, die Textart.
Du beschreibst kurz das Thema des Gedichts und fasst den Inhalt knapp zusammen.

**2. Hauptteil:** Du analysierst den Inhalt, die Gestaltung, die Sprache und die Form.
Dabei gehst du auf **Gedichtmerkmale** ein und beschreibst auch ihre **Wirkung**:

- die besondere Form: die Strophen, die Verse, die Reimform …
- der Sprechrhythmus: das Versmaß (das Metrum), der Zeilensprung (das Enjambement)
- der Sprecher im Gedicht: das lyrische Ich
- die besondere Sprache, die das Gedicht zum Klingen bringt
- die Sprachbilder: die Vergleiche, die Metaphern, die Personifikationen
- besondere Wörter, Wiederholungen und andere sprachliche Besonderheiten

**3. Schluss:** Du fasst die Ergebnisse deiner Analyse zusammen.
Du deutest das Gedicht als Ganzes, erläuterst deine Meinung und die Wirkung des Gedichts auf dich.

→ Übungen da
Seiten 61–

## Zitieren

Du kannst deine Aussagen mit Zitaten **belegen**. Du kannst ganze Sätze oder Wortgruppen **wörtlich** zitieren, **ohne** sie **zu verändern**. Zitate werden wie die wörtliche Rede durch **Anführungszeichen** gekennzeichnet. So sind Zitate als fremde Texte erkennbar. Nach dem Zitat gibst du in Klammern die **Textstelle** (Seiten- und Zeilenzahl) an.

→ Übungen da
Seiten 54

# Schreiben in Alltag und Beruf

## Einen offiziellen Brief schreiben

- Schreibe zuerst **oben links** den **Absender**, darunter den **Empfänger**.
- Schreibe den **Ort** und das **Datum** etwas tiefer **rechts**.
- Formuliere eine **aussagekräftige Betreffzeile**.
- Wähle eine **passende Anrede**.
- **Stelle** dich **vor**.
- **Nenne** den **Grund** deines Schreibens.
- **Stelle** deine **Fragen** an den Empfänger. **Nenne** auch deine **Bitten**.
- **Bedanke** dich beim Empfänger.
- Beende deinen Brief mit einem **passenden Gruß** und **unterschreibe** ihn.

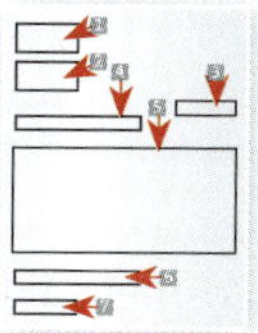

→ Übungen dazu: Seite 70

## Der tabellarische Lebenslauf

Der **tabellarische Lebenslauf** gehört zu einer vollständigen **Bewerbung**.

- Achte auf die richtige **Reihenfolge** deiner Angaben: Angaben zur Person, Schulbildung, Interessen und Kenntnisse, Datum, Unterschrift.
- Nenne nur **Hobbys**, die zum Praktikum oder zum Beruf passen.
- Überprüfe die **Vollständigkeit** deiner Angaben.
- Finde und korrigiere alle **Grammatik- und Rechtschreibfehler**.
- Lass eine **zweite Person** deinen Lebenslauf prüfen.

→ Übungen dazu: Seite 71

## Eine Bewerbung schreiben

Mit einem Bewerbungsschreiben bewirbst du dich um einen Ausbildungsplatz. Du vermittelst damit dem künftigen **Arbeitgeber** einen **ersten Eindruck** von dir und kannst ihn von dir **überzeugen**.

- Lege dein Bewerbungsschreiben wie einen **offiziellen Brief** an. Achte auf die richtige **Anordnung** aller Briefteile.
- Beginne deinen Brieftext mit dem **Anlass** des Briefes.
- **Begründe** deinen Berufswunsch und die Wahl des Ausbildungsbetriebs.
- Mache Angaben zu deiner **Schule**, der **Klassenstufe**, dem angestrebten **Schulabschluss**.
- Formuliere **am Ende** in einem Satz, dass du dich über eine **Einladung** zu einem Gespräch freuen würdest.
- Schreibe **abwechslungsreiche** Satzanfänge und **vermeide Umgangssprache**.
- **Überprüfe** den Inhalt, die Formulierungen, die Rechtschreibung und Zeichensetzung. **Korrigiere** alle Tippfehler.

→ Übungen dazu: Seiten 72–73

## Regeln und Tipps für ein Bewerbungsschreiben

- Nach der **Betreffzeile** und nach der **Grußformel** steht kein Punkt.
- Nach der **Anrede** steht meist ein **Komma**.
- Steht nach der Anrede ein Komma, schreibst du klein weiter.
- Die höfliche Anrede **Sie**, **Ihr**, **Ihnen** schreibst du **groß**.
- **Kontrolliere** die Schreibung von **Fachwörtern** und von **Namen**.

→ Übungen dazu: Seiten 72–73

**Textquellen:** S. 5: Thomas Trösch: Zwei Kandidaten für Leben im All. Aus: http://www.handelsblatt.com/technik/forschung-innovation/neue-planeten-entdeckt-zwei-kandidaten-fuer-leben-im-all/11194744.html [Stand: 21.09.2015]. S. 8–9, 12: Douglas Fo Die geheimen Gärten der Antarktis. Aus: http://www.spektrum.de/news/die-geheimen-gaerten-der-antarktis/1317684 [Stand: 21.09.2015]. S. 15–16: Marc Etzold: Die Rückkehr der Wölfe. Aus: http://www.handelsblatt.com/technik/energie-umwelt/umstrittenes-comeback-die-rueckkehr-der-woelfe/9314772.html [Stand: 21.09.2015]. S. 22: Die Zeit läuft davon – es wird heiß! Au http://klima.arte.tv/die-globale-erwarmung-verstehen/hallo-welt [Stand: 21.09.2015]. S. 23: Interview mit dem Klimaforscher Mojib Latif. Aus: http://www.wwf.de/aktiv-werden/bildungsarbeit-lehrerservice/klima/klimaforscher-mojib-latif/ [Stand: 21.09.2015]. S. 24: Jonas Fischer und Thomas Madry: Der Klimawandel in Deutschland und seine Folgen. Aus: http://www.bpb.de gesellschaft/umwelt/klimawandel/183026/auswirkungen-des-klimawandels%29%29 [Stand: 21.09.2015]. S. 30: Nanomaterialie in Kosmetika. Aus: http://www.bund.net/themen_und_projekte/nanotechnologie/recht_politik/-kennzeichnung/ [Stand: 21.09.2015]. S. 32: Wie die Deutschen die Nanotechnologie einschätzen. Aus: http://www.bfr.bund.de/de/presseinformation/2013/31/unbekannte_schluesseltechnologie__wie_die_deutschen_die_nanotechnologie_einschaetzen-188482.html [Stand: 21.09.2015]. S. 33: Gerlinde Gukelberger-Felix: Nanopartikel in Lebensmitteln: Fragwürdige Winzlinge. Aus: http://www.spiegel.de/gesundheit/ernaehrung/lebensmittel-wie-gefaehrlich-sind-nanopartikel-a-1013474.htm [Stand: 21.09.2015]. S. 38: Bundespolizei darf Bewerberin mit Tattoo ablehnen. Aus: http://www.sueddeutsche.de/karriere/urtei des-verwaltungsgerichts-darmstadt-bundespolizei-darf-bewerberin-mit-tattoo-ablehnen-1.1984880 [Stand: 21.09.2015]. S. 44: Bundesfreiwilligendienst ersetzt den Zivildienst. Aus: http://www.azubister.net/magazin/artikel/wehrdienst-oder-soziales-jah [Stand: 21.09.2015]. S. 47–49: Peter Stamm: Die ganze Nacht. Aus: Peter Stamm: In fremden Gärten © S. Fischer Verlag GmbH, Frankfurt am Main 2013, S. 45–51. S. 56–57: Jan de Leeuw: Das Schweigen der Eulen. Aus: Jan de Leeuw: Das Schweigen der Eule Aus dem Niederländischen von Rolf Erdorf. Verlag Gerstenberg, Hildesheim 2007, S. 18 f. S. 62: Johann Wolfgang von Goethe: Willkommen und Abschied. Aus: Echtermeyer. Deutsche Gedichte. Hrsg. v. Elisabeth K. Paefgen und Peter Geist. Cornelsen Verl Berlin 2006, S. 173 f. Alle weiteren Texte sind Originalbeiträge.



**Bildquellen:** S. 4: action press/Paul Brown/REXaction press; S. 5: Shutterstock/Naeblys; S. 8: action press/Pete Bucktrout/BAS/SWNSaction press; S. 12: Karte: Volkhard Binder; S. 13: Tabelle: Sources: British Antarctic Survey, National Science Foundation; S. Grafik: Der Wolf kehrt zurück © WWF; S. 20: mauritius images/age; S. 22: Grafik: National Oceanic and Atmospheric Administration (NOAA). Earth System Research Laboratory (ESRL); S. 23: Fotolia/E. Schittenhelm; S. 31: Collage mit Fotos von picture alliance/dpa; S. 36: Fotolia/Hunta; S. 37: Fotolia/Halfpoint; S. 38: age fotostock/LOOK-foto; S. 44: Infografik: Ausbildungsportal azubister.net, Foto: Fotolia/Alexander Raths; S. 61 oben: Bridgemanimages.com; S. 61 unten: Shutterstock/Aleksandr Markin; S. 71: Shutterstock/leungchopan; S. 77: Fotolia/mma23; S. 82: picture alliance/dpa; S. 83: picture alliance/dpa

**Illustrationen:** Sylvia Graupner, Annaberg: S. 47, 49; Ulrike Selders, Köln: S. 24: Schaubild erstellt nach einer Grafik von Thomas Seilnacht, Bern, www.seilnacht.com; Rüdiger Trebels, Düsseldorf: S. 60, 63, 69, 70, 75, 76, 78, 79, 80, 81; Werner Wildermuth, www.ww-visuell.de: S. 32

**Projektleitung:** Gabriele Biela
**Redaktion und Bildrecherche:** Susanne El-Gindi, Daphná Pollak
**Umschlaggestaltung:** Cornelsen Verlag, Design / Klein & Halm Grafikdesign, Berlin
**Umschlagfoto (Collage):** junge Frau: Fotolia/ra2studi; Hammer: Shutterstock/didora; Orange: Shutterstock/Tim Ur; Zange: Shutterstock/keerati
**Layout und technische Umsetzung:** zweiband.media, Berlin

**www.cornelsen.de**

1. Auflage, 3. Druck 2024



Druck: Drukarnia Dimograf Sp. z o.o., Bielsko-Biała

ISBN 978-3-06-062350-1

PEFC
PEFC/32-31-076

PEFC-zertifiziert
Dieses Produkt stammt aus nachhaltig bewirtschafteten Wäldern und kontrollierten Quellen
www.pefc.pl